JOSEF HOCHENAUER (HRSG.)

Ich darf nicht schweigen, wo ich reden muss

Engelbert Kleiser,
der blinde Pfarrer von Maria Bickesheim –
der deutsche Pfarrer von Ars?

D1664137

Beuroner Kunstverlag Josef Fink

Bibliografische Information der Deutschen Bibliothek
Die Deutsche Bibliothek verzeichnet diese Publikation in der Deutschen
Nationalbibliografie; detaillierte Daten sind im Internet über <http:dnb.de>
abrufbar.

2. Auflage 2004
ISBN 3-89870-153-0

© Beuroner Kunstverlag Josef Fink
Abteistraße 2, D-88631 Beuron
Telefon: (0 74 66) 1 72 28, Telefax: (0 74 66) 1 72 09

Hauptstraße 102b, D-88161 Lindenberg
Telefon (0 83 81) 8 37 21, Telefax (0 83 81) 8 37 49
Internet www.kunstverlag-fink.de
E-Mail info@kunstverlag-fink.de

Lektorat: Dr. Ulrike Liebl, Regensburg
Layout: Georg Mader, Weiler im Allgäu
Gesamtherstellung: Holzer Druck und Medien, Weiler im Allgäu

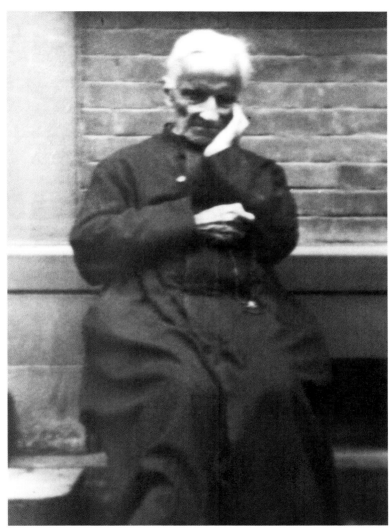

Pfarrer Engelbert Kleiser beim Rosenkranzgebet

Inhaltsverzeichnis

„Die Heiligen sind das Salz der Christenheit und das Licht der Welt. Sie rücken all das im Nu wieder zurecht, was sich in den letzten Jahren so unheilvoll verschoben hat; sie schaffen Klarheit, Ordnung und neues Leben und tun es auf eine leise, lautlose Art.

Aber sie treten uns nur wie die Engel helfend zur Seite, wenn wir uns ganz klar werden, dass eine Christenheit ohne Heilige einer Christenheit aus Pappe gleicht.

Wir brauchen Richtbilder, wir benötigen sie so unumgänglich wie das tägliche Brot, weil wir nur mit ihnen die schwere Geistesschlacht der Gegenwart gewinnen können."

WALTER NIGG, „HEILIGE IM ALLTAG"

„Wenn ihr seid, was ihr sein sollt, werdet ihr Feuer auf der ganzen Erde entzünden."

HL. KATHARINA VON SIENA

„Das Gebet und das Opfer machen meine ganze Kraft aus. Sie sind die unbesiegbaren Waffen, die Jesus mir gegeben hat."

THERESE VON LISIEUX

„Herz Jesu, Tor der Trinität."

ALFRED DELP S. J.

„Es lebe das Herz Jesu in den Herzen der Menschen."

HL. ARNOLD JANSSEN SVD

Einleitung von Pfr. Josef Hochenauer, Durach

Vor zwei Jahren habe ich – durch die Tonkassette von Josef Kary – zum ersten Mal „vom blinden Pfarrer Engelbert Kleiser" gehört.

Seitdem hat mich die Gestalt dieses Priesters, der im Jahre 1931 – 27 Tage nach meiner Geburt – in die Ewigkeit abberufen wurde, nicht mehr losgelassen. Ich war dann mehrmals zu Gast im Pfarrhaus zu Rötenbach/Schwarzwald und lauschte den spannenden Schilderungen von Pfr. Josef Kary. Er ist der Kronzeuge des blinden Pfarrers.

Weiter habe ich ältere Christinnen und Christen gehört, die aus den Tagen ihrer Kindheit prägende Eindrücke von dieser Priestergestalt ins Leben mitgenommen haben. Sie bezeugen: „Pfr. Kleiser lebte so, wie es von den Heiligen in den Legenden geschrieben steht." Ich konnte Menschen begegnen, die ihn zwar nicht mehr persönlich gekannt haben, für die er jedoch zum vertrauten Wegbegleiter und Fürbitter geworden ist.

So ist in mir die Einsicht gereift: Die Erfahrung und das Wissen um den blinden Pfarrer dürfen nicht verloren gehen. Vollends haben mich seine seelsorgerlichen, prophetischen Worte überzeugt, die ich in seinem Werk „Was haben wir an Christus?" fand. Vor 100 Jahren geschrieben und doch von brennender Aktualität.

Nicht wenige Katholiken leiden unter der gegenwärtigen Situation der Kirche in unserem Land. Im Blick auf die Zeit von Engelbert Kleiser und die Jahrhunderte vor uns könnten sie Trost schöpfen und sicherlich Mut, wenn sie nacherleben, wie es damals kleine Gruppen waren, ja oft Einzelne, die dem drohenden Unheil Einhalt gebieten konnten.

Freilich, für diese entscheidenden christlichen Persönlichkeiten war immer die Erfahrung grundlegend, die Therese von Lisieux so beschreibt: „Ich begriff, dass allein die Liebe die Glieder der Kirche zum Handeln befähigt, dass die Apostel das Evangelium nicht mehr verkünden und die Martyrer sich weigern würden, ihr Blut zu vergießen, wenn die Liebe erlischt." Erfüllt und gedrängt von der Liebe Christi, haben „diese Heiligen aus dem Volk" dem Gottesreich gedient und ihm aufgeholfen.

Wir können es als einen Anruf der Gnade für unsere Gegenwart verstehen, wenn nach über 700 Jahren, in den Jahren 1990-2000, im Herzen Deutschlands, in der Lutherstadt Eisleben (Sachsen-Anhalt), das Kloster St. Marien zu Helfta – der erste Offenbarungsort des Herzens Jesu – wiedererstanden ist.

Ein Zeichen der Hoffnung und eine Einladung, die Lebensquelle des christlichen Glaubens wieder zu entdecken. „Herz Jesu, du Rettung aller, die auf dich hoffen", so heißt es in der Herz-Jesu-Litanei, die auf die hl. Gertrud von Helfta zurückgeht. (Siehe auch Literaturhinweise).

„Ich darf nicht schweigen, wo ich reden muss", diese Aussage des P. Rupert Mayer, die in großen Lettern in der Pfarrkirche von Rötenbach/Schwarzwald steht, machte ich mir nun auch zu Eigen in dem Bemühen, solange es noch Augen- und Ohrenzeugen gibt, Zeugnisse um den blinden Pfarrer zu sammeln und zu veröffentlichen. So habe ich mich dafür eingesetzt, dass eine Fernsehaufnahme „über den blinden Pfarrer" zustande kam. Inzwischen steht diese Dokumentation. Dafür bin ich dankbar.

Als Herausgeber dieser Schrift freue ich mich der Wahrheit zu dienen und im Blick auf diese leuchtende Priestergestalt ei-nen Hoffnungsweg aufzeigen zu können. In der folgenden Darstellung verlasse ich mich im Wesentlichen auf die Aussagen meines lieben Mitbruders Pfr. Josef Kary und bin ihm sehr dankbar für seine Bereitschaft. Er musste eine große innere Hemmschwelle überwinden: „Will es der blinde Pfarrer? Er lehnte doch jede Ehre für sich ab. Ist es der Wille Gottes?" Überzeugend war wohl, dass das Leben und die Gedanken von Pfr. Kleiser eine höchst aktuelle und lebenswichtige Botschaft für die Kirche der Gegenwart und unser deutsches Volk enthalten.

PFR. JOSEF HOCHENAUER

Erinnerungstafel im Geburtshaus

Vorwort von Geistl. Rat Pfr. Josef Kary, Friedenweiler-Rötenbach

Verschiedentlich wurde ich gebeten, ich möchte es doch festhalten, alles, was ich über den „blinden Pfarrer Engelbert Kleiser" weiß, damit dies alles nicht in der Vergessenheit entschwinde. Nun, ich will das tun, nachdem ich einer der wenigen bin, denen es vergönnt war, mit dem blinden Pfarrer jahrelang in engem persönlichen Kontakt zu stehen. Er lebte ja in meiner Heimat Bickesheim.

Die Wallfahrtskirche gehört zur Ortschaft Durmersheim. Und dort war der blinde Pfarrer seit 1898 Wallfahrtspriester bis zu seinem Tod.

Ich selbst kam zu ihm zum ersten Mal 1923 ,war damals zehn Jahre alt, war Erstkommunikant. Meine Mutter hatte mich gebeten, zum blinden Pfarrer zu gehen. Er möchte mich ein wenig auf den Weißen Sonntag vorbereiten, da die Vorbereitung in der Pfarrei selber äußerst mangelhaft war.

Nun, ich tat das, aber bereits beim ersten Gespräch kam der blinde Pfarrer sehr schnell auf anderes zu sprechen: auf unsere familiären Verhältnisse. Er wollte wissen, wie es mir in der Schule ging, wollte meine Zeugnisnoten wissen und so weiter und so weiter. „Wie heißt du?" „Josef." „Wenn du das nächste Mal kommst, dann klopfe an und sage: Ich bin der Josef. Da weiß ich, dass du es bist. Weißt du, ich bin ganz blind. Was willst du denn werden?" „Ich weiß nicht." Und bald darauf meinte er: „Du musst Priester werden". Ich rannte nach Hause und

sagte es der Mutter. Diese erwiderte fast erschrocken: „Wie soll das gehen bei den zehn Mark Rente, die ich habe?" Ich berichtete darüber dem Pfarrer. Dieser meinte: „Fürchte nicht, ich helf' dir, so gut ich kann. Bringe das nächste Mal dein Schreibheft mit und einen Bleistift."

Das tat ich. Und so begann er mit den ersten Lateinstunden. „Links schreibst du ‚mensa', rechts ‚der Tisch', links ‚mensae', rechts ‚des Tisches'. Und so die ganze Deklination. „Wann kommst du wieder?" „Wenn es recht ist, morgen." Daheim habe ich dann auswendig gelernt. Die Mutter sagte: „Was schwätzt denn du für Sachen?" Der Pfarrer hat dann in der nächsten Stunde abgehört. „Du kannst das gut. Du kannst studieren. Du wirst Priester!" Auf diese Weise hat er mich, so gut es bei seiner Blindheit ging, vorbereitet.

Aber zugleich war es nun meine Aufgabe, ihm fast täglich das Wichtigste aus der Zeitung vorzulesen vom großen Tagesgeschehen. Dann aus gewissen Büchern philosophischer Art, religiöser Art und so weiter. Zwei bis drei Stunden fast jeden Tag war ich bei ihm und erfüllte nun diese meine Aufgabe, so gut ich konnte, damals noch junger Bub von zehn, elf Jahren.

Noch ein Erlebnis ist mir besonders haften geblieben. Ein zutiefst persönliches Ereignis! Die Jahre waren vergangen, das Abitur rückte näher und die Frage, welchen Berufsweg ich nun einschlagen würde. Im Laufe der Jahre hatte ich eine große Liebe zur Vogelwelt entwickelt. Mein Lehrer im Gymnasium meinte: „Möchtest du nicht Naturwissenschaft studieren oder Forstwesen?" Sogar ein Stipendium an der Hochschule wurde mir in Aussicht gestellt. Nun, das war schon eine sehr verlockende Sache. Nach all den Jahren, in denen ich – bei der Armut der Mutter – nur mühsam die unteren Stufen des Studiums hochsteigen konnte, nun dieses Angebot für das Hochschulstudium. Die Mutter bekam mit, wie sehr ich verunsichert war. So sagte sie zu mir: „Ich sehe schon, mit der Theologie ist es bei dir aus. Dann versprich mir wenigstens, dass du ein guter Katholik bleibst!" Der Pfarrerberuf war weit weg gerückt. Was sollte ich tun? Vor dem Abitur ging ich noch mit der Mutter zum blinden Pfarrer. Ich schilderte ihm meine Situation: die beiden Möglichkeiten, die sich mir nun boten. Ich stellte ihm die Frage: „Was soll ich tun? Soll ich Theologie studieren oder Naturwissenschaft?" Der blinde Pfarrer sagte nichts. Er zog sich zurück zum Gebet, wie wir vermuteten. Wir warteten lange, ungewöhnlich lange. Wenn man wartet, ist eine Minute eine Ewigkeit. Schließlich kam er zurück. „Ihr seid noch da?" Dann sagte er: „Josef, tue so, wie du wünschest getan zu haben, wenn du mal zum Sterben kommst." Ich dachte über diese Worte zwei, drei Sekunden lang nach, dann sagte ich: „Herr Pfarrer, jetzt weiß ich, was ich zu tun habe." Ich entschied mich, Priester zu werden. Es war nicht immer leicht, aber ich habe es nicht bereut.

„Das ist der Mann, der so viel betet"

Ich will nun sein Leben, so weit ich das in Erinnerung habe, hier so wiedergeben, wie ich das in meinen Predigten festgehalten habe. Gleich in der ersten Predigt, die ich begonnen habe mit dem Motto: „Das ist der Mann, der so viel betet für das Volk und die ganze heilige Stadt Jerusalem."

Am 14. Oktober 1931 ist im Alter von 89 Jahren ein Mann von dieser Erde geschieden, von dem wir sagen dürfen: Er war ein Heiliger! Es ist der Pfarrer Engelbert Kleiser, im Volksmund wurde er nur „der Bickesheimer Herr" genannt oder „der blinde Pfarrer" von Maria Bickesheim. Denn er war die letzten 30 Jahre seines Lebens vollständig blind. Er hatte keinerlei Ahnung, ob es Tag oder Nacht war. Nicht einmal einen Schimmer von irgendwie, von Tag oder Nacht. Aber nie auch nur ein Wort der Klage wie „wenn ich nur einmal wieder sehen könnte."

Wenn ich nun den Versuch unternehme, das Leben dieses heiligen Priesters darzulegen, so weiß ich von vorneherein, dass es nur ein Versuch bleiben wird. Dieser demütige Mann hatte – beinahe ängstlich – alles vermieden, was das Innere seines Lebens, den Menschen hätte offenbaren können. Deshalb kommt es, dass der Großteil des badischen Volkes und darüber hinaus zwar gehört hat, dass ein wirklicher Heiliger in seiner Mitte lebte, dass man aber gleichwohl nur wenig Näheres von ihm weiß.

Elternhaus und Kindheit

Pfarrer Engelbert Kleiser war ein Schwarzwälder, geboren in Schollach, Pfarrei Urach. Er stammte aus einem sehr alten, alteingesessenen Geschlecht, einer Uhrmacherfamilie. Das größte Glück, welches Kinder haben können, das hatte er: fromme, tief gläubige Eltern.

„Gelobt sei Jesus Christus", das war der tägliche erste Morgengruß der Eltern an die Kinder. Und nach des Tages strenger Arbeit konnte man die Mutter oft im Garten versteckt mit ausgespannten Armen beten sehen. So gottesfürchtig wie die Mutter war auch der Vater. Er ging schon in jungen Jahren nach England, nach London, wo er einen Handel mit Schwarzwalduhren betrieb. Später kehrte er wieder in seine Schwarzwälder Heimat zurück, lieferte seinen sieben Brüdern – die ebenfalls nach England gingen – die Uhren, die er in der eigenen Werkstatt fertigte. Den Ehrenplatz in seiner Werkstatt hatte sein Lieblingsbuch, aus dem er öfters am Tage las, es war „die Nachfolge Christi" des Thomas von Kempen. Jeden Sonntag wurde in der Familie gemeinsam aus dem „Goffine" (einem damals weit verbreiteten Betrachtungsbuch) gelesen. Das war der Boden, auf dem die beiden Söhne dieser Familie aufwuchsen: Engelbert und Johannes. Beide wurden Priester.

Als Erster wurde Engelbert am 24. Oktober 1842 geboren. Später kam sein Bruder Johannes hinzu – der spätere Prälat Kleiser, der in Fribourg in der Schweiz das Canisiuswerk gründete.

Beide Söhne lernten von Vater und Mutter die ersten Gebete, hörten von ihnen die ersten biblischen Geschichten. Sehr früh schon mussten die beiden Buben bei den Arbeiten der Eltern mithelfen, in der Uhrenwerkstatt oder beim Viehhüten auf der Weide. Jeden Morgen gingen sie, auch im Auftrag der Eltern, in die etwa eine Stunde entfernte Pfarrkirche in Urach zur Hl. Messe. Fast jeden Tag, Sommer und Winter. Sehr streng sahen die Eltern darauf, dass ihre Kinder nicht mit schlechten Kameraden zusammenkamen, wie sie auch selber keine zweifelhaften Menschen in ihrem Hause duldeten.

Das Familienleben der Familie Kleiser war religiös sehr stark ausgeprägt. Vor allem wurde das gemeinsame Gebet gepflegt, darunter der abendliche Familienrosenkranz, besonders an den langen Winterabenden.

Gerne wallfahrte man zum Schneekreuz bei Löfflingen und zu „Maria in der Tanne" bei Triberg. Wenn man zu Fuß sogar die Wallfahrt nach Maria Einsiedeln machte, dabei betend und singend über Berg und Tal zog – wie es damals nicht selten bei vielen Schwarzwäldern der Fall war -, so waren das Tage religiöser Vertiefung für die gläubigen, arbeitsamen und genügsamen Leute.

Liebe zur Gottesmutter

Auf diese Weise nahmen die beiden Buben Johannes und Engelbert die Liebe zur Muttergottes schon in junger Kindheit in sich auf. Sie trugen diese als kostbares Erbe des Elternhauses mit hinein in die spätere Studienzeit und bewahrten der Gottesmutter ihre Liebe und Anhänglichkeit bis ans Lebensende.

Von der tiefen, lebendigen Marienliebe dieser beiden Brüder zeugt unter anderem ein Brief. Ich fand ihn unter einem Bündel von 50 Briefen, geschrieben vom späteren Prälaten Johannes Kleiser an seinen Bruder Engelbert. Die Briefe übergab mir die damalige Haushälterin des blinden Pfarrers, Frl. Maria Kleiser, vor ihrem Tod im Jahre 1928.

Das Merkwürdige dabei ist nun Folgendes: Als ich 1950-1957 Pfarrer am Bodensee war – in Langenrain -, trat ich einmal in Konstanz in den Verkaufsladen des Canisiuswerkes. Da kam ich mit der dortigen Schwester auch auf den blinden Pfarrer zu sprechen. Dabei sagte mir die Schwester: „Zurzeit wollen wir die Geschichte der Entstehung und des Werdegangs des Canisiuswerkes schreiben, auch den Werdegang des Gründers, des Prälaten Kleiser. Doch gerade von diesen Jahren fehlen uns alle Unterlagen, was wir sehr bedauern." Da sagte ich der überraschten Schwester: „Ich kann helfen. In meinem Pfarrhof habe ich in einer Schublade 50 gebündelte Briefe. Diese wurden von Prälat Kleiser an den blinden Pfarrer geschrieben. Darin ist in allen Einzelheiten dargelegt, wie das Canisiuswerk entstanden ist, die großen Sorgen, dann wieder die wunderbaren Hilfen, die immer wieder zur rechten Zeit eintraten, als sozusagen alle Hoffnung vergeblich schien. Auch die ersten Schwestern, die eintraten, sind alle mit Namen genannt, auch, woher sie stammen. Alles ist in den Briefen festgehalten." Die erstaunte Schwester konnte es kaum fassen, dass so was möglich war. Später brachte ich ihr das Briefbündel und übergab es ihr.

Eine gütige Fügung Gottes! Es war das einzige Mal, dass ich diesen Laden des Canisiuswerkes betrat und diesen Schwestern so aus ihrer Verlegenheit helfen konnte.

Hier nun einer dieser Briefe, die der Prälat Kleiser an seinen Bruder Pfarrer Engelbert geschrieben hat:

Mein lieber Bruder,

sei nicht traurig, wir haben eine gute Advokatin. Was Grignion de Montfort so sehr empfiehlt, ist, daß man sich eben ganz mit Leib und Seele, mit der Vergangenheit, Gegenwart und Zukunft Maria weiht. Verdienste, Tugenden, Fehler sogar – mit einem Wort alles –, und dann Maria machen läßt. Es ist ihre Sache. Werfen wir alle Sorgen auf sie allein. Sie ist mächtig genug uns zu helfen. Grignion de Montfort hat recht, wenn er sagt, daß das Reich Christi durch Maria kommt.

Ave Maria, so hat's gerufen seit Ewigkeit von Vater, Sohn und Heilig Geist,
Ave Maria aus dem Mund der Engel von Anfang an,
Ave Maria von Jesus Christus,
Ave Maria von der ganzen Kirche,
Ave Maria besonders jetzt und die ganze Ewigkeit.
Ja, wir wollen es rufen und sein. Das heißt in allen Leiden:
Ave Maria sagen, Maria anrufen. Sie hilft!

Dein Bruder Johann

Studienjahre

Es kamen die Jahre des Gymnasiums in Freiburg, da der junge Engelbert so manches Mal zu Fuß den Weg ging von Schollach nach Neustadt, durch das so genannte Täle, vorbei an den Ahornhäusern. Ein Weg mitten durch ältesten Schwarzwald und so wieder zurück, wenn dem jungem Gymnasiasten die Ferienzeit winkte. Denn das Gymnasium besuchte Engelbert in Freiburg, wo er sich glänzende Zeugnisnoten erwarb, geistig noch unverbraucht, ausgestattet mit einer frischen Gedächtniskraft, aber auch mit der notwendigen Energie und Willenskraft. Noch nicht der Dauerberieselung durch Radio, Fernsehen und Film ausgeliefert, brachte dieser einfache, aber fleißige Bauernbub alle Voraussetzungen mit, um, wie auch sein Bruder Johannes, durch gute Leistungen in der Schule seinen Eltern ein wenig vom schuldigen Dank für ihre Mühen, Sorgen und Opfer abzustatten. Zugleich legte er dadurch das Fundament für sein umfassendes späteres Wissen auf den verschiedensten Gebieten der Wissenschaft.

Weite Wege – Wege der Stille zugleich, wo man geradezu gezwungen ist, seinen inneren Gedanken nachzugehen. Und darum versteht man zum Teil, warum das Innenleben des blinden Pfarrers so ausgeprägt war.

Nach Abschluss der Gymnasialstudien wagte es Engelbert Kleiser nicht, gleich das Studium der Theologie zu beginnen, und zwar aus lauter Gewissenhaftigkeit. Er studierte deshalb zunächst fünf Semester Philologie, d.h. Fremdsprachen, vor allem Englisch und Französisch, das er perfekt beherrschte.

Dann erst begann er – nach reichlicher Selbstprüfung – das theologische Studium. Nach Abschluss desselben zog er hinauf in die Stille von St. Peter in das dortige Priesterseminar. Dort wurde er am 4. August 1869, am Fest des hl. Pfarrers von Ars Johannes Maria Vianney, durch Weihbischof Lothar von Kübel zum Priester geweiht. Er hatte das Berufsziel erreicht.

Zugleich war es für die Angehörigen ein Tag der Genugtuung, wenn man weiß, wie gerade auch sie große Opfer bringen müssen, wenn einer der ihren für das Priestertum berufen ist. Außenstehende haben davon gar keine Ahnung.

Vikarstellen

Seine erste Stelle als Vikar erhielt Engelbert Kleiser in Ebnet bei Freiburg, wo er ein Jahr wirkte. Dann kam er für ein Jahr nach Hinterzarten, hierauf als Vikar nach Konstanz in die Pfarrei St. Martin. Von 1873 bis 1874 versah Kleiser die idyllisch am Bodensee gelegene Pfarrei Hagnau, wo er den Ortspfarrer und gleichzeitigen Landtagsabgeordneten Hansjakob vertrat. 1874 kam er nach Peterstal im Renchtal und 1877 ins Glottertal.

Insgesamt war Engelbert Kleiser an sechs verschiedenen Vikarstellen. Dies war von großem Gewinn für ihn, denn durch diesen häufigen Wechsel konnte er sich einen großen Schatz an seelsorgerlicher und sonstiger Erfahrung sammeln, da an jedem Ort ja wieder andere Verhältnisse sind. Praktische Erfahrung aber ist gerade auch im Seelsorgeberuf von großer Wichtigkeit.

Da Vikar Engelbert Kleiser damals an einem Magenleiden litt, übertrug ihm die Kirchenbehörde einen leichteren selbstständigen Posten: seine erste und zugleich seine letzte Pfarrei Göschweiler.

Weiheurkunde von Pfr. Engelbert Kleiser

Pfarrer in Göschweiler

Von dieser Zeit lesen wir – bereits damals – in einem Protokoll vom Jahre 1889: „Nach dem Urteil der Pfarrgemeinde und der Herren Geistlichen führt Herr Pfarrer Kleiser ein heiligmäßiges Leben."

Einen guten Einblick aber in die Seele dieses Mannes gibt uns ein Brief einer einstigen Schülerin. Sie schrieb den Brief 35 Jahre nach dem Weggang des Pfarrers. Der wichtigste Teil des Briefes lautet: „Es ist jetzt 35 Jahre her, seitdem Pfr. Kleiser seine Pfarrgemeinde Göschweiler verlassen hat. Sein unheilbares Augenleiden brachte ihn zur Erkenntnis, er könne nun für das Seelenheil der Gemeinde nicht mehr genügend leisten. Sein Scheiden bereitete den Pfarrkindern großes Leid. Ein jedes ist ihm unendlich dankbar. Vor allem denke ich zurück an Selbsterlebtes, besonders an die unvergesslichen Stunden des Religionsunterrichtes. Wie sehnten wir uns nach jeder Stunde. Wir konnten den Augenblick nicht erwarten, bis er in den Schulsaal hereintrat. Da stand er vor uns mit ganzer Hingabe. Kam er im Neuen Testament an die Leidensgeschichte, so war er selber tief ergriffen. Kaum konnte er seine Tränen zurückhalten. Dies packte uns mit Macht. Unsere Tränen liefen unaufhaltsam die Wangen herab. Die Buben wollten sich mannhaft zeigen. Es half nichts. Kein Wunder, wenn es Mädchen gab, die, wenn sich der Schulsaal geleert hatte – und sie ungesehen waren -, das Pult des Lehrers bestiegen, das Kreuz herabnahmen, es mit Küssen bedeckten, Blumen auf die Dornenkrone legten und ewige Treue gelobten. Könnten Seelen sprechen von seiner Macht, die so viele Seelen vor Unglück bewahrte oder wieder zurückbrachte zum Gekreuzigten! Der Dank der Pfarrgemeinde, die du, heiliger Priester, im Glauben, im Hoffen und im Lieben gefestigt hast, er reicht hinüber in die Ewigkeit."

Bei einem nächtlichen Versehgang kam Pfr. Kleiser ins Schwitzen und zog sich eine böse Augenentzündung zu. Das Leiden verschlimmerte sich zusehends. Die Kunst der besten Ärzte, auch des damals besten Augenarztes in Genf, vermochte daran nichts zu ändern. Vielleicht lag es im Plane der göttlichen Vorsehung, dass Gott diesem Priester das Licht der Augen nahm, dass er ihm das große Opfer auferlegte, volle 30 Jahre lang auf das Licht der Sonne und den Anblick der schönen Gotteswelt verzichten zu müssen, wo er doch ein großer Freund der Natur gewesen war.

Dafür erschloss sich seinem inwendigen Auge der unvorstellbare Reichtum der anderen Welt. Vielleicht ist er es, den Theresia von Konnersreuth gemeint hat, als sie noch zu seinen Lebzeiten in einer Ekstase einmal sagte: „Es gibt zurzeit in Deutschland viele heilige Priester, darunter ist ein blinder Pfarrer."

Im Jahre 1898 musste Pfarrer Kleiser seine Pfarrei Göschweiler verlassen. Er wusste, dass er nun ganz blind werden würde, dass ihm eine ununterbrochene tiefe Nacht bevorstand.

Wallfahrtspriester in Maria-Bickesheim

Engelbert Kleiser kam als Wallfahrtspriester in meine Heimat an die dortige Wallfahrtskirche Maria Bickesheim.

Die badischen Markgrafen waren es, die dieses uralte, hoch ehrwürdige, 1000-jährige Marienheiligtum immer wieder in ihr Herz geschlossen, es immer schöner und reicher ausgestattet und mit vielen Pfründen und Stiftungen versehen hatten.

In Bickesheim war es, wo im Jahre 1280 Markgraf Rudolf I. von Baden zusammen mit seiner Gemahlin Kunigunde, Gräfin von Eberstein, die Gnadenmutter von Maria Bickesheim zur Patronin erwählte. 500 Jahre später, im Jahre 1771, erneuerte der letzte regierende katholische Markgraf August Georg die Weihe, weihte in einem feierlichen Akt Land und Volk Badens für ewige Zeiten der Gnadenmutter von Bickesheim und erwählte sie als Landesmutter. (Ich nenne hier nur noch die Namen Markgraf Bernhard II. von Baden, der Selige, sowie Ludwig Wilhelm, genannt der Türkenlouis, und seine Gemahlin Markgräfin Franziska Augusta Sibylla.) Maria Bickesheim wird mit Recht Wiege und Herz des badischen Landes genannt.

Hier war es, wo Pfarrer Engelbert Kleiser bekannt wurde als – wie es in der Hl. Schrift heißt – „der Mann, der so viel betet, für das Volk und die ganze heilige Stadt Jerusalem."

Im Jahre 1898 richtete sich Pfarrer Engelbert Kleiser im Benefiziatenhaus neben der Wallfahrtskirche häuslich ein.

Nun begann er dort ein Leben zu führen, das man oft mit dem Leben und Wirken des heiligen Pfarrers von Ars verglichen hat. Tatsache ist: Wer immer ihn sah, hatte sofort diesen Eindruck. Menschen, die weit aus der Ferne zu ihm kamen, schrieben oft noch hernach, sie hätten gemeint, einen „neuen Pfarrer von Ars" zu sehen. Auch das Volk der näheren und weiteren Umgebung, das Sonntag für Sonntag in Maria Bickesheim seinen Predigten lauschte, hatte den gleichen Eindruck. Beim Gebet und bei der Predigt strahlte sein Antlitz oft in einem übernatürlichen Glanz. Er schien dann in einer anderen Welt zu leben.

Anlässlich seiner fortschreitenden Erblindung sagte einmal sein jüngerer Bruder Prälat Johannes Kleiser: „Maria wird ihn dafür umso heller Gott schauen lassen." Diese Worte sind bei Pfarrer Engelbert Kleiser bereits auf dieser Erde in Erfüllung gegangen in einer solchen Art und Weise, dass man von einer übernatürlichen mystischen Schau sprechen kann. „Herr, gib, dass ich sehend werde!" – wie oft musste unser Herr und Heiland während seines Erdenlebens diesen Flehruf hören. Ob der blinde Pfarrer – wie er nun fortan genannt wurde – auch so gebeten hat, wissen wir nicht. Aber das wissen wir, dass nie ein Wort der Klage über seine Lippen kam. Ja, nicht einmal der leiseste Wunsch, doch wieder einmal das Licht der Sonne schauen zu dürfen, wenigstens für Augenblicke. Wir, für die es eine Selbstverständlichkeit ist, die Gabe des Lichtes Tag für Tag genießen zu dürfen: das Licht der Sonne, das Grün der Natur, das Angesicht unserer Eltern, Freunde und Bekannten, wir wissen natürlich nicht, was das heißt, volle 30 lange Jahre blind sein zu müssen. Für die Welt „lebendig tot", wie man das sagt.

Es würde sicher niemand von uns wundern, wenn über einen solchen Menschen nicht nur äußere Nacht käme, sondern auch innere Nacht, Nacht in der Seele. Unwillkürlich fragt man sich: Woher nahm der blinde Pfarrer von Bickesheim die Kraft, mit solch heroischem Opfermut sich in den Willen Gottes zu fügen? Die Kraft dazu holte er sich nicht bei Menschen, wusste er ja von vorneherein, dass Menschenworte da nicht helfen können. Gewiss, ein gut gemeintes Trostwort von Seiten eines guten, aufrichtigen Menschen tut jedem gut. Aber das alles kann das Wort des Herrn nicht ersetzen, wenn er sagt: „Kommet zu mir, die ihr mühselig und beladen seid, ich will euch erquicken." (Mt. 11,28)

Die Kraft für sein tägliches Kreuz holte sich der blinde Pfarrer am Altar. Obwohl völlig blind, feierte er dennoch jeden Tag das Hl. Messopfer in der Wallfahrtskirche von Maria Bickesheim. Hier am Altar vereinigte er sein persönliches Opfer mit dem Opfer des Welterlösers Jesus Christus. Zutiefst ging diese Vereinigung mit dem Herrn, so dass ihm bei der Feier des Hl Messopfers oft die Tränen kamen. Das Volk spürte bald, dass der blinde Pfarrer von Bickesheim nichts anderes war als ein begnadetes Werkzeug in der Hand des barmherzigen Gottes. Viele kamen: Arm und Reich, Hoch und Niedrig, täglich war

ein Kommen und Gehen aus der Nähe und aus weiter Ferne, bis vom Vatikan her. Jedes hatte eine Last, die es loshaben wollte, einen Kummer, eine Not, angefangen vom armen Bauern, der Unglück im Stall hatte, bis hinauf zum Minister und Herzog und Kronprinzen von Sachsen. Alle, die kamen, gingen getröstet wieder fort. Wie mancher Handwerksbursche kam gerade in jenen Jahren mit der Bitte: „Herr Pfarrer, ich bitte um Euren Segen!"

Gerade seinem Segen schrieb das Volk eine besondere Kraft zu. So kam einmal eine Bauersfrau aus Au am Rhein mit ihrem Töchterlein, das ein unheilbares Ohrenleiden hatte, zu dem Pfarrer und sagte: „Herr Pfarrer, ich bin schon bei so viel Ärzten gewesen, keiner konnte helfen. Jeder sagte: ‚Da ist nichts mehr zu machen.' Mein Kind hat solche Schmerzen. Legen Sie doch dem Kind einfach den Finger auf das Ohr, dann wird es gesund werden." Der blinde Pfarrer wehrte natürlich ab: „Nein, das kann ich nicht tun, aber ich will das Kind segnen." Er lächelte, segnete das Kind, und auf der Stelle war das Mädchen geheilt.

So ging das tagaus, tagein .Was der blinde Pfarrer wirkte, das wird erst am Ende der Tage offenbar. Denn alles ging ganz im Stillen vor sich. Ähnlich, wie einmal Jesus einen heilte und zu ihm sagte: „So, du bist jetzt gesund geworden, aber schau, dass du niemand etwas davon sagst." Wie oft stand er mitten im Zimmer und gab nach allen Himmelsrichtungen den Segen – besonders in der Erntezeit.

Tatsache ist, dass, solang der blinde Pfarrer lebte, all die Jahre hindurch nie ein Hagelschlag oder ein Unwetter die Ernte um Bickesheim herum vernichtete. Kein Wunder, wenn das Volk gern und eifrig zum Wallfahrtsgottesdienst nach Maria Bickesheim kam. Vor allem am Sonntag Nachmittag, an welchem der blinde Pfarrer regelmäßig predigte. Das Volk fühlte: Das sind nicht bloß Worte, da schwingt das Herz mit. Ein Herz, das überglücklich ist, seine Geistes- und Körperkräfte in den Dienst eines Marienheiligtums stellen zu dürfen.

Dabei waren seine Predigten von äußerster Einfachheit, so dass auch der einfachste, ungebildete Mensch sie verstehen konnte. Er sagte einmal zu mir: „Ein Priester soll so predigen, dass auch die einfachste Stallmagd es verstehen kann." Ergreifend war es auch, wenn er, „der Blinde", den Pilgern die Wallfahrtskirche erklärte, wenn er die Leute von Altar zu Altar führte und jede Einzelheit zu deuten verstand. Ganz besonders, wenn er das Votivgemälde über dem Chorbogen erklärte und dabei die katholischen Markgrafen und Markgräfinnen mit ihrer Kirchentreue und Marienliebe rühmte.

Schon das hohe Alter von 89 Jahren lässt vermuten, dass der blinde Pfarrer ein Mann der Regelmäßigkeit und der Ordnung war, denn seine Gesundheit war keine besonders starke. Aber er ist ein Beispiel dafür, wie man auch mit einer schwachen Gesundheit oft vieles leisten und ein hohes Alter erreichen kann, wenn man ein geordnetes Leben führt.

Um fünf Uhr morgens, im Sommer noch früher, erhob er sich. In seiner Ernährung war er unvorstellbar einfach und bescheiden. Alkoholische Getränke mied er ganz. Er rauchte nicht, aber das nicht nur aus gesundheitlichen Beweggründen oder aus Sparsamkeit, sondern vor allem, um durch Enthaltsamkeit und Verzicht Sühne zu leisten für die vielen Sünden der Unmäßigkeit, Unbeherrschtheit und Unzucht. Auch als der Arzt ihm in den letzten Lebensjahren etwas Wein zur Stärkung verordnete, blieb er enthaltsam.

Man muss schon sagen, der blinde Pfarrer befolgte im wörtlichen Sinn das Wort des Herrn: „Der Mensch lebt nicht vom Brot allein, sondern auch von jedem Wort, das aus dem Munde Gottes kommt." (Mt. 4,4)

Deshalb lebte er weniger von außen als von innen. Er war ein Mann des Gebetes. Oft betete er an einem Tag über 30 Rosenkränze in den verschiedensten Anliegen der Menschen. Vor allem betete und opferte er viel für die Priester, wusste er ja, dass das Priestertum nicht nur eine Würde, sondern auch eine Bürde ist, ein „onus", eine Last, die zu tragen viel guter Wille nötig ist.

So flehte er die Menschen immer wieder an: „Betet, betet viel für die Priester!" Seinem Neffen, dem Jesuitenpater Alfons Kleiser, schrieb er anlässlich dessen Priesterweihe: „Ich will die Messe für Dich aufopfern zum Dank für die Gnade Gottes, die Dich zu diesem Ziel geleitet hat. Wenn man bedenkt, welchen Gefahren der Geistliche in der Welt ausgesetzt ist! Wie große Aufgaben er heute zu bewältigen hat! Ihr glücklichen Ordenspriester, betet für uns arme Weltpriester, und Du besonders auch für Deine Landsleute in Baden. Man kann nicht genug für die Weltpriester beten. Ohne einen wahrhaft frommen Weltklerus nützt alles nichts, ist alles verloren. Zeige Deinen Patriotismus, indem Du beim

Memento der Heiligen Messe täglich sprichst: ‚Gedenke, Herr, der badischen Geistlichen.'"

„Maria wird ihn dafür umso heller Gott schauen lassen" – als Prälat Johannes Kleiser anlässlich der unaufhaltsamen Erblindung seines Bruders Engelbert diese Worte sprach, ahnte er noch nicht, wie wörtlich sie sich erfüllen sollten. Wie ich bereits darlegte, lebte der blinde Pfarrer von Bickesheim durch seine totale Erblindung volle 30 Jahre hindurch in vollständiger äußerer Nacht und Finsternis, so dass er nie mehr einen Unterschied zwischen Tag und Nacht erkennen konnte. Umso heller erstrahlte dafür sein inwendiges Auge, umso unverhüllter erschloss sich ihm dafür die jenseitige Welt.

Allerdings ist uns davon nur ganz wenig bekannt geworden. Leider, denn geradezu ängstlich war er darauf bedacht, dass nichts von seinem geheimnisvollen Innenleben an die Außenwelt drang. Das Wenige, das bekannt geworden ist, lässt allerdings ahnen, was da vor sich ging. So schrieb er an seinen Neffen, den Jesuitenpater Alfons Kleiser, am 31. Juli 1911 unter anderem Folgendes in einem Brief: „Diesen Herbst werde ich 69 Jahre alt. Gedenke meiner und besonders unserer verstorbenen Angehörigen, unseres Vaters und Theresias, unserer Mutter, die vor einigen Jahren noch nicht im Himmel war. Ernste Ewigkeit."

Die Mutter Theresia war bereits im Jahre 1878 gestorben im Alter von 75 Jahren. Wie ich bereits sagte, war sie eine vorbildliche Frau und Mutter in Erfüllung ihrer häuslichen und familiären Pflichten. Sie stand als christliche Frau durch ihr Arbeiten, Beten und Opfern weit über dem Durchschnitt. Sie schickte oft, im Garten versteckt, mit ausgestreckten Armen ihre Gebete zum Himmel und ebnete ihren beiden Söhnen durch eine vorbildliche Erziehung den Weg zum Priestertum, bis sie dann im Jahre 1878 diese Welt verließ.

Und nun schreibt, 33 Jahre nach ihrem Tod, im Jahre 1911, ihr heiligmäßiger Sohn: „Gedenke Theresias, unserer Mutter, die vor einigen Jahren noch nicht im Himmel war. Ernste Ewigkeit." Ja, so müssen wir hinzufügen: „Ernster Blick ins Jenseits."

Eines der größten Anliegen des blinden Pfarrers war das Gebet für die Verstorbenen. Wie hat er doch immer wieder die Leute aufgefordert, viel für die Verstorbenen zu beten und zu opfern! Er, der hineinschauen durfte in die tiefen Geheimnisse der jenseitigen Welt, wusste, was es heißt, von den Lebenden verlassen zu sein. Umso schmerzlicher, da der blinde Pfarrer immer wieder betonte, dass die verstorbenen Angehörigen, die ihr Fegfeuer abbüßen müssen, fast immer „um einen herum sind". Deshalb umso schmerzlicher für sie, vergessen zu werden.

Eines Tages kam eine junge Frau zum blinden Pfarrer, deren Mann auf dem Weg zur Feldarbeit plötzlich verstorben war, und beklagte sich über dessen frühen Tod. Da sagte der blinde Pfarrer Folgendes: „Frau, tun Sie immer für Ihren Mann beten, er ist immer um Sie herum. Sie sehen ihn nur nicht." „Meinen Sie?", sagte die Frau. „Ja, die Toten sind immer um uns herum. Denn da, wo man gelebt und gesündigt hat, muss man auch büßen."

Es war der Wille des blinden Pfarrers, dass nichts von diesem geheimnisvollen

Leben seines Inneren an die Öffentlichkeit dringe. Die viel wusste, das war seine Haushälterin Fräulein Maria Kleiser. Aber auch sie musste schweigen. Nur einmal war sie entschlossen zu reden. Das war vor ihrem Tod im Jahre 1929. Als sie wusste, dass ihre Tage gezählt waren – sie litt an Magenkrebs -, da ließ sie ihrem Bruder Johannes Kleiser, Bürgermeister von Urach, Nachricht zukommen. Er möge sofort zu ihr nach Bickesheim kommen. Er kam. Es war an einem Montag Nachmittag halb fünf Uhr. Als er in ihre Kranken- und Sterbekammer eintrat, von ihr sehnlichst erwartet, sagte sie: „Johann, ich hab dir viel zu sagen." Im selben Augenblick war sie tot. Es sollte eben nicht sein. Sie musste alles mit ins Grab nehmen.

Doch eine Begebenheit wenigstens will ich kurz anführen. Dieselbe Maria Kleiser musste dem blinden Pfarrer oft die Post erledigen, Briefe öffnen und sie ihm vorlesen. Da handgeschriebene Briefe oft nicht gut lesbar sind, hatte sie die Gewohnheit, die Briefe vorher schon für sich zu öffnen und zu lesen, damit sie diese dann besser vorlesen könnte. Da kam nun eines Tages unter anderem auch ein Brief von einem Pfarrer aus einer norddeutschen Diasporagemeinde. Der Pfarrer schrieb darin, er sei in einer geradezu verzweifelten Lage. Durch eine Frauensperson sei er auf eine gewisse Art so verleumdet worden, dass sein Ruf und sein guter Name in der Gemeinde völlig vernichtet seien. Er sei erledigt. In seiner Not habe er in seinem Zimmer eine neuntägige Andacht gemacht vor dem Herz-Jesu-Bild. Am letzten Abend, dem Schluss der neuntägigen Andacht, habe er das Bild wunderbarerweise sprechen hören: „Wende dich an meinen getreuen Diener, den Wallfahrtspfarrer Engelbert Kleiser in Maria Bickesheim." Der betreffende Pfarrer schrieb unter anderem, er selber kenne ihn, den blinden Pfarrer, zwar nicht, habe auch noch nie von ihm gehört, er wisse nicht einmal, wo Bickesheim sei, aber nun sei es gewiss: Er könne ihm helfen. Als nun die Haushälterin Maria Kleiser dem blinden Pfarrer den Brief vorlesen wollte, worin die sehr ehrenrührige Verleumdung eingehend geschildert war, wurde der blinde Pfarrer sehr erregt: „Sofort den Brief her, der ist nur für mich." Als Fräulein Maria Kleiser entgegnete, dass er doch gar nicht lesen könne, er müsse doch erfahren und wissen, was im Brief stehe, gebot er ihr nochmals scharf: „Der Brief ist nur für mich." Und niemand mehr bekam den Brief zu sehen. Obwohl blind, wusste er sofort den ganzen Inhalt. Tatsache ist, dass einige Wochen später, wie ich selbst miterleben konnte, der betreffende Diasporapfarrer freudestrahlend zum blinden Pfarrer nach Bickesheim kam und sich überglücklich bedankte, weil wider Erwarten alles wieder gut geworden sei.

Der Herz-Jesu-Verehrer

Eine große Kraftquelle für den blinden Pfarrer war die Verehrung des göttlichen Herzens Jesu. Er war ein glühender Verehrer des göttlichen Herzens.

Viel und eindringlich sprach und schrieb er auch darüber. Als Beispiel dafür bringe ich einen kurzen Auszug aus seiner Schrift „Das Leid des göttlichen Herzens Jesu über die Verstoßung aus der christlichen Gesellschaft":

Christus vor dem Richterstuhl der christlichen Gesellschaft

Der Erlöser hatte durch die Heiligkeit seines Lebens und seine zahlreichen Wunder seine Gottheit gegenüber den Juden bewiesen. Gleichwohl aber hat – in unseliger Verblendung – der jüdische Richterstuhl des Stolzes und des Neides durch Annas und Kaiphas ihn verworfen, der Gerichtshof der sündigen Leidenschaft des Herodes hat ihn dem Spott preisgegeben und der Richterstuhl der Schwäche und der Menschenfurcht des Pilatus hat das Urteil bestätigt.

Vom jüdischen Volk verworfen, hat Christus die Segnungen des Christentums den heidnischen Völkern zukommen lassen und ist zum größten Wohltäter der christlichen Völker geworden. Trotzdem – was tut die „moderne christliche Gesellschaft?"

Der Richterstuhl des Stolzes – dargestellt durch die moderne aufgeblähte Wissenschaft – verwirft die Gottheit Christi . Der Gerichtshof der sündigen Leidenschaft jubelt diesem Urteil zu, weil er dadurch von einer „lästigen Gesetzgebung" befreit wird. Der Gerichtshof der Schwäche, der Feigheit und der Menschenfurcht hilft dieses Urteil auszuführen. Das mehr oder weniger gläubige Volk nimmt es gleichgültig hin. Der König der Könige wird von den so genannten „christlichen Völkern" als König abgesetzt.

Nach einem Wort des hl. Hieronymus hat sich der Erdkreis einstmals verwundert, weil er arianisch geworden sei. Auf gleiche Weise muss man heute sagen, heute verwundert sich der Erdkreis, dass er atheistisch, d.h. gottlos, geworden ist. Von Gott abgefallen! Woher diese traurige Tatsache?

Das ist gekommen durch die List und Schlauheit der Ungläubigen, welche dem gläubigen Volk gegenüber vorgeben, dass sie nicht die Religion an sich, sondern nur die Übergriffe der Kirche, die Herrschaft der Priesterschaft und so weiter bekämpfen wollen. Es ist aber auch vor allem dadurch gekommen ,weil das gläubige Volk sich zu wenig am öffentlichen Leben beteiligt.

Das ist die Sprache des blinden Pfarrers von Bickesheim. Das sind seine Gedanken im Original – wie man so sagen darf. Schlicht und einfach und doch voller Wahrheit und Weisheit. Die Gedanken eines Mannes, der in bewundernswerter Klarheit den Dingen auf den Grund sah. Der die Ursache der Zeitübel in so einfacher Art und Weise darlegte, während andere deswegen große Konferenzen abhalten und doch nicht weiterkommen. Obwohl durch seine Blindheit für die Welt „äußerlich tot", lebte er ganz in den Anliegen der heutigen Zeit und gab sich alle Mühe, dem Volk mit Rat und Tat beizustehen.

Noch einige weitere Gedanken des blinden Pfarrers will ich hier wiedergeben, nicht nur, um sie der Vergessenheit zu entreißen, sondern weil sie genauso gut in unsere Tage hineingesprochen sein könnten. Würde man sie an höherer Stelle befolgen, so würden mit einem Schlag viele aktuelle Probleme gelöst. Unter anderem sagte er da:

Viele begreifen noch nicht, dass die öffentlichen Drangsale, worunter wir leiden, die Kriege, ihren letzten Grund hauptsächlich in dem Abfall des öffentlichen Lebens von Christus und dem göttlichen Gesetz haben. Man kann einem Gebäude das Fundament nicht entziehen, ohne dass der Einsturz droht. Das Fundament des Baus der christlichen Völker aber ist Christus. Und das Haupt und die Seele desselben Körpers ist wiederum Christus. Woher der Krieg? Nicht vom Volk – wenn dieses nicht durch eine gewissenlose Presse verhetzt wird. Der Krieg kommt vom Unglauben, vom Ehrgeiz, der Eroberungssucht, von der politischen Machtsucht meist ungläubiger Staatsmänner, Militärs, Wirtschaftsbosse. Wenn die Völker – und sie könnten es – die Regierungsstellen mit wahrhaft überzeugten christlichen Männern besetzen würden und dies nicht nur in einem, sondern in den verschiedenen Staaten, dann würden diese Vertreter der Völker sich gegenseitig auf der Grundlage der Gerechtigkeit und Nächstenliebe verstehen. Und so würde der Friede unter den Völkern erhalten bleiben und Christus sich als Friedensfürst bewähren.

Ich glaube, diese kurzen Hinweise und Beispiele genügen, um uns eine Andeutung von den Anliegen zu geben, wie sie der blinde Pfarrer von Bickesheim empfunden, miterlebt und mitgelitten hat. Auch was die Menschen ihm zu verdanken haben dadurch, dass er so viel für die Sünden der Menschen gesühnt hat, für Lebende und Verstorbene.

So wie Papst Pius XII. es einmal sagte: „Es ist ein wahrhaft Schauer erregendes Geheimnis – das man niemals genug betrachten kann –, dass nämlich das Heil vieler abhängig ist von den Gebeten und freiwilligen Bußübungen der Glieder des geheimnisvollen Leibes Christi, die sie zu diesem Zweck auf sich nehmen."

Die letzten Monate

Schon 33 Jahre lang wirkte der blinde Pfarrer an der Wallfahrtskirche Maria Bickesheim. Er und seine Kirche gehörten zusammen wie Bruder und Schwester. Doch auch hier schlug die Abschiedsstunde. Die Stunde der Trennung, die für alles kommt, was auf dieser Welt ist.

Die letzten 14 Tage vor seinem Tod litt der blinde Pfarrer nicht nur körperlich – er hatte Magenkrebs -, sondern noch mehr seelisch. Ein langes Leben hindurch hatte er ein Leben der innigsten Gottverbundenheit geführt. Er lebte zwar auf dieser Erde, aber „sein Wandel war im Himmel", wie schon der hl. Paulus sagt. Nun aber kam noch am Ende der irdischen Pilgerschaft eine jener schrecklichen Prüfungen über ihn, wie sie uns gerade im Leben der Heiligen oft begegnen.

Es war der Zustand völliger Gottverlassenheit, der so genannten seelischen Trockenheit. Er konnte auf einmal nicht mehr beten. „Hier liege ich so dürr wie Stroh", stöhnte er immer wieder. Dazu kamen – wie auch schon früher – schwere Anfechtungen Satans, oft in Gestalt eines großen schwarzen Hundes, wogegen er sich mit aller Kraft zu wehren suchte.

Er, der 30 Jahre lang durch seine totale Erblindung in totaler äußerer Nacht, in Finsternis leben musste, fiel nun am Ende seines fast 90-jährigen Lebens in eine noch größere Dunkelheit hinein: in die dunkle Nacht der Seele. Gott schien ferne zu sein, weit weg mit seinem Trost und seiner Hilfe. Stattdessen beängstigten ihn

schwere Versuchungen und Zweifel. Sein ganzes Leben stand noch einmal in aller Klarheit vor seinen Augen. Er beurteilte jetzt nicht mehr mit irdischen Maßstäben, sondern im „alles durchdringenden Licht der Ewigkeit". Alles, was er getan, schien ihm im Licht der Ewigkeit nicht bestehen zu können. „O, wenn ich noch einmal ein junger Priester wäre, wie würde ich doch alles besser machen!", rief er öfters aus.

In den letzten Tagen, da das Lebenslicht zum Abbrennen kam, wurden seine Bedenken, ob er auch alles recht gemacht habe, geradezu erdrückend. Vor allem in den letzten drei Tagen vor seinem Tod steigerten sich seine Seelenqualen immer mehr. Besonders nachts, wenn er sich allein glaubte, schrie er immer wieder auf: „Wenn ich noch einmal von vorne anfangen könnte – ich würde alles ganz anders machen." Es war ein Zustand der äußersten Verlassenheit und Vereinsamung. Er musste auch hierin die Nachfolge des Erlösers leisten, der als eines seiner letzten Worte vor seinem Tode sprach: „Mein Gott, mein Gott, warum hast du mich verlassen?"

Wir wissen von vielen Heiligen, wie schwer sie gestorben sind – im Gegensatz zur heutigen furchtbaren Verflachung und Verfälschung, denen unser Sterben allgemein ausgesetzt ist. Das so genannte „normale Sterben" als Ende einer vielleicht langen und schweren Krankheit wird immer mehr zu einem ahnungslosen Einschlafen verfälscht. Der kranke Sterbende erfährt oft gar nicht mehr die Wahrheit. Er wird regelrecht getäuscht. Werden die Schmerzen ärger, dann werden die Medikamente und Spritzen so gesteigert, dass der Sterbende in Bewusstlosigkeit versinkt und in Bewusstlosigkeit seinen letzten Gang in die andere Welt tun muss. Wie heißt es dann: „Nun, der ist gut gestorben. Der hat von den Schmerzen gar nichts mehr gespürt. Der hat nicht einmal gemerkt, dass er sterben muss." Wie aber Gott über ein solches Sterben urteilt, ist eine andere Frage. Was erst würde der Tote zu uns sagen, wenn er noch einmal herüberkommen könnte? Aber er kommt nicht mehr. Wenn das Lebensschiff die Taue gelöst und die große Fahrt angetreten hat – hinüber ans andere Ufer –, erreicht es kein Ruf mehr. Es kommt nicht mehr zurück von der letzten großen Fahrt. Da gibt es keine Rückkehr mehr.

Deshalb haben gerade die Heiligen das Sterben so ernst genommen, auch die, die sonst ihr Leben lang in innigster Gottverbundenheit gelebt haben. „Mutter, ist das der Tod? Ich habe gar nicht gewusst, dass Sterben so schwer ist!", rief die hl. Theresia vom Kinde Jesu schreckenserfüllt aus, als die Oberin des Klosters die sterbende junge Schwester in ihren Armen hielt und diese nach Luft röchelte, aber keine mehr bekam, bis sie in die Kissen zurücksank mit den letzten Worten: „Mein Gott, ich liebe Dich."

Das bewusste Sterben des gläubigen Menschen! Dieser letzte Schritt hinein in ein großes Dunkel ist die letzte Gleichförmigkeit des gläubigen Menschen mit dem sterbenden Erlöser. Darin, so muss man sagen, war der blinde Pfarrer von Bickesheim seinem „Herrn und Meister" gleichförmig bis in den Tod hinein.

Mitten in seinem Leiden und seinen Qualen galt sein Denken auch noch dem deutschen Vaterland. Ganz erschüttert rief er öfters aus: „O, dass doch Deutschland wieder zum Glauben käme und gerettet würde!" So empfand er noch auf dem Sterbebett, was auch der hl. Petrus Canisius einst gebetet hatte mit den Worten: „Du weißt, Herr, wie sehr und wie oft Du mir Deutschland ans Herz gelegt hast."

Dann aber kam plötzlich der Friede wieder in sein Herz. Es wurde Feierabend in seiner Seele. Mit dem greisen Simeon konnte auch er nun sprechen: „Nun, o Herr, lässt Du deinen Diener in Frieden scheiden, denn meine Augen haben das Heil gesehen" (Lk. 2.29).

Priestertum und Eucharistie

Ein Abschied fiel ihm noch besonders schwer: Es war der Abschied von seinem Messkelch. Er bat den Klosterbruder Kilian vom Redemptoristenkloster von nebenan, er möge ihm den Messkelch bringen. Der Todkranke drückte den Kelch an sich und sprach mit wehmütiger Stimme: „So muss ich jetzt Abschied von dir nehmen. Wie oft habe ich das kostbare Blut Christi aus dir getrunken!" Dann rief er dreimal mit immer lauterer Stimme aus: „Ehre dem heiligen Blut, Ehre dem heiligen Blut, Ehre dem heiligen Blut!"

Nachher sprach er zum Bruder Kilian: „So, jetzt wollen wir zusammen noch ein Vater unser und Ave Maria beten zum Dank für alle Gnaden, die mir durch das heilige Messopfer zuteil geworden sind." Hierauf gab er mit Tränen in den Augen den Kelch aus seinen Händen.

(Von Pfr. Engelbert Kleiser sind uns nur zwei Fotos erhalten. Pfr. Kleiser wollte nicht, dass man ihn fotografiere. Ja, er verbot es. Die beiden – sehr aussagekräftigen – Fotos stammen von ehemaligen Ministranten des Pfarrers, Nr. 1 von dem jungen Josef Kary, S. 3, Nr. 2 von Richard Tritsch, Durmersheim, S. 27.)

Der Wallfahrtspriester Engelbert Kleiser auf dem Weg zur Sakristei

Heimgang

Es war am 14. Oktober 1931, an einem Mittwoch Nachmittag gegen drei Uhr, als der ewige Hohepriester Jesus Christus seinen treuen Diener Engelbert Kleiser heimholte in seinen ewigen Frieden.

Es war das Sterben eines Heiligen. Er selber muss wohl gewusst haben, dass er zu den Auserwählten gehörte, dass die Fürbitte seines Gebetes am Throne Gottes viel vermag. Denn vor seinem Tode rief er einmal aus: „Lass, Herr, von dieser Gnadenstätte Maria Bickesheim recht viele Gnaden ausgehen! Aber keine Ehre für mich, keine Ehre für mich, gar keine Ehre für mich!" Zu mir selber sagte er: „Josef, du erlebst viel, du erlebst viel; aber wenn ich dann im Himmel bin, ich werde dich nicht vergessen."

Kaum war er tot, da stürzte ein fremder junger Mann ins Zimmer hinein, warf sich schmerzerfüllt über das Totenbett und rief aus: „Herr Pfarrer, vielmals Vergelt's Gott!" Dann verschwand er wieder. Gekannt hat ihn niemand, aber man darf sagen, dieser fremde junge Mann sprach im Namen vieler ,vieler bekannter und noch mehr unbekannter Menschen, denen der blinde Pfarrer von Bickesheim ein Helfer gewesen war in den vielerlei Nöten und Beschwernissen des Leibes und der Seele.

Es war am Samstag, den 17. Oktober 1931, als man im Hof der Wallfahrtskirche in Bickesheim die sterbliche Hülle des Verstorbenen der Erde übergab. Schon am frühen Morgen füllte sich die Kirche mit Gläubigen, die von dem lieben Toten Abschied nehmen wollten. Nach dem Requiem stieg der Herr Dekan von Ettlingen auf die Kanzel und gab der atemlos lauschenden Menge bekannt , dass der Verstorbene in seinem Testament angeordnet habe, er wünsche nicht, dass an seinem Grab Grabreden gehalten würden. Dafür möge sein Testament vorgelesen werden. was auch geschah. Zuerst nennt der Verstorbene darin einige seiner Lebensdaten und sonstige wichtige Daten vor allem seiner priesterlichen Ausbildung. Dann fährt er wörtlich fort:

Der Verstorbene dankt allen Teilnehmern am Leichenbegängnis und wird denjenigen, die im Gebet seiner gedenken – so Gott ihm die Gnade gibt -, sich im Gebet dankbar erweisen. Auf meinem Grabe soll später als Grabmal eine Statue „vom Herzen Jesu, dem göttlichen Hohenpriester" stehen, von dem ja das Priestertum der katholischen Kirche mit seinen Gnaden ausgeht. Wer daher an mein Grab kommt, möge zum Dank dafür ein „Vater unser" beten und es aufopfern in der Meinung, dass Christus der Hohepriester der Seelen, auch wieder der König der Seelen, der Familien und der christlichen Gesellschaft werden möge, worin ja unsere einzige Rettung gelegen ist! Sprecht daher alle in eurem Herzen mit mir:

„Hochgelobt sei das heiligste Herz Jesu unseres göttlichen Hohenpriester,

gelobt sei die unbefleckte Jungfrau Maria,

welche den göttlichen Hohenpriester uns geschenkt und ihn als Opfer für uns hingegeben hat,

und gelobt sei der Heilige Josef,

der Freund des göttlichen Herzens und der Patron seiner Verehrer!

Möge Gott uns allen durch Jesus, Maria und Josef einstens eine glückselige Auferstehung verleihen!"

Diesen Worten möge nichts weiteres beigefügt werden, auch nicht in einem schriftlichen Nekrolog.

Tief ergriffen lauschte das Volk diesen letzten Worten des Toten. Der Dekan schloss mit den Worten: „Gott möge uns würdigen, einen Heiligen in unserer Mitte gehabt zu haben!"

In dem Nachruf einer damaligen Zeitung standen unter anderem die Worte: „So ruhe denn aus im Schatten Deines Heiligtums, in welchem Du über ein Menschenalter wirken durftest. Wie der hl. Pfarrer von Ars, so erflehe auch Du uns die Gnade, daß wir arme Erdenpilger den Himmel erlangen. Du hast das Ziel erreicht. Vergiß uns hier auf Erden nicht! Habe tausendfachen Dank für all das Gute, daß Du an uns getan hast! Gott selber möge Dein übergroßer Lohn sein!"

Der blinde Pfarrer ist tot, aber sein Andenken lebt weiter in vielen dankbaren Herzen. Es wird auch künftig weiterleben in den Herzen all derer, denen er auch heute noch und weiterhin ein Helfer und Fürbitter sein wird. Hat er ja noch zu seinen Lebzeiten einmal versprochen, er werde nach seinem Tod all denen ein besonderer Fürsprecher am Throne Gottes sein, die an seinem Grabe – nach seiner Meinung – drei „Vater unser" und drei „Gegrüßet seist du, Maria" beten und drei „Ehre sei dem Vater", nach seiner Meinung.

Ich habe ihn damals gefragt, was diese seine Meinung sei. Seine Antwort war: „Dass Christus wieder werde der König der Herzen, dass Christus wieder werde der König der Familien und dass Christus wieder werde der König der Völker!"

GEISTL. RAT JOSEF KARY

Brief der Anna Abath

Frau Anna Abath, die in den letzten Jahren Haushälterin bei Engelbert Kleiser war, schrieb am 5. November 1931 – wenige Tage nach dem Heimgang des blinden Pfarrers – an den Jesuitenpater Alfons Kleiser in Valkenburg, Holland. Hier ein Auszug:

Er hatte wirklich eine gute glückliche Sterbestunde, um die er so oft gebetet hat. Wie oft hatte er gesagt: Er möchte gerne sterben, wenn ihm der lb. Gott eine gute Sterbestunde schenken möchte. Dieses wurde ihm auch Gott sei Dank zuteil. Die Hochwürdigen Patres und Brüder waren alle um sein Totenbett versammelt und haben gebetet bis zu seinem letzten Atemzug. Der hl. Josef hatte die Ehre, ihn abzuholen, und die lb. Gottesmutter hat ihn zu Grabe begleitet. Welch hohe Ehre. Nach einem so leidvollen und mit großer Geduld ertragenen Leben folgt ein herrlicher Lohn. Er war ein großer Liebling Gottes; er hat ihn ganz ähnlich gemacht im Leiden, und so hoffen und freuen wir uns mit ihm, daß er ihn auch verherrlicht und ihm ein schönes Plätzchen bereitet hat, wo er ruhen darf am Herzen des barmherzigen Heilandes. Auch sein Leib hat ein so schönes würdiges Plätzchen in unmittelbarer Nähe des lb. Heilandes und der lb. Gottesmutter erhalten.

Es war rührend, wie die Leute den lb. Toten geehrt haben. Sie konnten sich kaum trennen von seinem Totenbette. Stets war das Sterbezimmer gefüllt. Und jetzt besuchen viele sein Grab. Es wird viel für ihn gebetet und mehr noch zu ihm gefleht um Hilfe in der schweren Zeit. Wir haben sicher einen großen Fürsprecher im Himmel. Möge er auch uns am Throne Gottes eine gute Sterbestunde erflehen, damit wir uns einstens wiedersehen. Folgen wir stets seinem guten Beispiele, dann werden auch wir glücklich in den Himmel kommen, wo es keine Trennung mehr gibt.

Nun zum Schluß will ich Ihnen noch von seinen letzten Sorgen und Ausrufen berichten. Einmal rief er so wehmütig: „O, daß doch Deutschland wieder zum wahren Glauben zurückkehren würde. Glücklich derjenige, der daran mitwirken kann."

Dann bittet er: „O, lieber Heiland, laß von dieser Gnadenstätte recht viel Heil und Segen ausgehen; aber nichts für mich, gar nichts für mich, alles zu deiner Ehre!"

„O, wäre ich noch einmal ein junger Priester, wie wollte ich vieles besser machen. Besonders das Herz Jesu sollte man mehr verehren!" Er bat mich, das Herz Jesu recht zu verehren, und schenkte mir das Herz-Jesu-Bild, von dem er rührend Abschied nahm.

Ich bin reichlich belohnt durch das Glück, das mir in diesen wenigen Jahren zuteil wurde, da ich so vieles gelernt habe und stets einen guten Berater und Helfer hatte. Es sind Münzen für die Ewigkeit, die uns niemand rauben kann. In meinem ganzen Leben werde ich es nicht vergessen.

Tagebuchblätter

Heinrich Hansjakob, Auszug aus „Sommerfahrten"

Einsam steht unweit von Durmersheim auf der Hardt die alte Wallfahrt Bickesheim, aus einer schönen, alten, gotischen Kirche, einem Priester- und einem Wirtshaus bestehend. Die Wallfahrt ist sehr alt, geht bis ins 11. Jahrhundert zurück; die erste Kapelle soll von Kaiser Heinrich dem Heiligen gestiftet worden sein.

Bickesheim war allzeit die religiöse Lieblingsstätte des katholischen Markgrafen von Baden-Baden und die hiesige Madonna die Patronin der Markgrafschaft. Im 16. und 17. Jahrhundert wirkten hier die Jesuiten, die viel beitrugen zur Wiederherstellung des katholischen Bekenntnisses. Schon 1538 berichtet der Rat des Herzogs Wilhelm von Bayern, des Vormunds des jungen Philibert, Hans von Sandizell, seinem Herrn aus Baden-Baden, daß in der Markgrafschaft, auch auf dem Lande „solich Irrthumb eingerissen, daß die alt christlich religion in keiner acht mehr gehalten wird und schier niemand mehr von der heiligen Meßen etwas halt; findt einer in einer ganzen Wochen keine drei Menschen bei einer Meßen. In Ettlingen hangen keine fünf Familien der neuen verkehrten Sekt nit an."

Beim Priesterhaus in Bickesheim hielt ich an, um den Wallfahrtspfarrer Kleiser zu besuchen. Er war vor 30 Jahren Vikar bei mir in Hagnau, während ich im Landtag weilte. Ich hatte ihn seit dieser Zeit nicht mehr gesehen und fand ihn als einen greisen, abgehärmten Mann, nahezu erblindet, aber gottergeben und fromm, wie er es jung schon gewesen. Ich habe kaum einen begabteren, seeleneifrigeren und frömmeren Priester in meinem Leben kennengelernt als diesen Engelbert Kleiser aus Schollach im tiefsten Schwarzwald.

„Das ist ein heiligmäßiger Mann", hatte mir der alte Bäcker Franz im Herfahren schon gesagt. Es freute mich diese Rede, weil ich daraus ersah, daß das Hartvolk seine Leute auch kennt.

Engelbert Kleiser – ein Heiliger?

Der blinde Pfarrer Engelbert Kleiser von Maria Bickesheim ein Heiliger? Tatsächlich war seinerzeit Erzbischof Dr. Konrad Gröber, Freiburg, entschlossen, den Seligsprechungsprozess einzuleiten. Doch bald darauf verstarb der Erzbischof, und somit war zunächst das Ende dieses Vorhabens gekommen.

In der Zeit des Dritten Reiches war nicht daran zu denken, und auch in den Jahren nach dem Zweiten Weltkrieg waren es andere Anliegen, welche die Menschen bedrängten. Wer hätte sich um die Seligsprechung von Pfr. Engelbert Kleiser annehmen können? Die Ordensgemeinschaft der Redemptoristen, der die Wallfahrtsbetreuung in Maria Bickesheim übertragen war? Nun, diese war um die Seligsprechung eigener Ordensangehöriger bemüht. Die Erzdiözese Freiburg? Für diese wiederum war Maria Bickesheim, das ursprünglich zur Diözese Speyer gehört hatte, doch mehr am Rande. Inzwischen war auch ein anderer Hochschwarzwälder zur Ehre der Altäre erhoben worden: Pater Rupert Mayer, dessen Vater und Großeltern ebenfalls im Hochschwarzwald beheimatet waren – in Rötenbach.

So ist es still geworden um die Heiligsprechung des blinden Pfarrers. Doch für das gläubige Volk blieb Pfarrer Engelbert Kleiser ein zweiter „heiliger Pfarrer von Ars", wie man ihn mit Vorliebe genannt hat.

Zur frommen Erinnerung
an Hochw. Herrn Pfarrer

Engelbert Kleiser

Geb. am 24. Okt. 1842 in Schollach
gest. am 14. Okt. 1931 in Bickesheim

»Lasse, o Herr von dieser Gnadenstätte (Bickesheim) viel Gnade und Segen ausgehen! Aber nichts für mich! gar nichts für mich! keine Ehre für mich! Alles zu deiner Ehre!«

Worte des Hochw. H. Pfarrer Kleiser ein paar Tage vor seinem Tod.

Bitte ein Vaterunser
zur Seligsprechung

R. I. P.

Gebetserhörungen

Frau T. H. in K.: „Es war am Pfingstmontag 1934, mein Mann war schwer krank, wollte aber vom Empfang der hl. Sakramente nichts wissen. Ich machte eine neuntägige Andacht zum blinden Pfarrer von Bickesheim und betete, dass mein Mann doch nicht unversehen sterbe. Mein Gebet wurde erhört. Er ließ sich versehen und starb eines erbaulichen Todes. Ich schreibe dies der Fürsprache des blinden Pfarrers zu."

Schwester A. berichtet: „Meine Mutter Sofie K. in M. hatte viele Jahre hindurch eine Wunde an der Nase, die nicht heilen wollte, immer schlimmer wurde und schließlich zu einer 2 cm großen, krebsartigen Geschwulst anwuchs. Sie machte viele Versuche zur Heilung, aber alle blieben erfolglos. Nach dem Tod des blinden Pfarrers, den sie schon zu Lebzeiten verehrt hatte, machte sie eine neuntägige Andacht zu ihm. Darauf verschwand die krebsartige Geschwulst plötzlich und trat nicht mehr auf. Als ich ihr gegenüber meine Verwunderung aussprach, sagte sie nur: ‚Ich habe eine neuntägige Andacht zum blinden Pfarrer gemacht.'"

Der Ordensmann Prior A. S. kann über seine Schwester Frau H. M. Ende 1940 berichten: „Der Arzt bezeichnet den Zustand der 73-jährigen Patientin als sehr bedenklich. Der Arzt stellte Altersbrand fest und wollte zur Amputation einer Zehe, eventuell des ganzen Fußes schreiten. Auch ein zweiter Arzt gab denselben Rat." Anfang Januar 1941 legte die Frau auf Anraten ihres Bruders eine kleine Reliquie Engelbert Kleisers voll Vertrauen auf ihre Wunde. Geschwister, Kinder und Enkel vereinigten sich im Gebet zum blinden Pfarrer. Es trat sofort eine Besserung ein, und bereits anfangs Februar stellte der Arzt fest, dass das Schwarze an der Zehe sich löse, was auch alsbald geschah. Die Wunde heilte. Dr. R. erklärte, dass ihm so etwas noch nicht vorgekommen sei.

„Ich komme vom Grab des H. H. Pfr. E. Kleiser. An den drei Schleifen der schönen Blumenschale an seinem Grab steht geschrieben: ‚In tiefer Dankbarkeit für Heilung in schwerer Krankheit durch die Fürbitte des Pfarrers Engelbert Kleiser.'"

Der Wallfahrtsrektor Dr. theol. Bernhard R. Kraus, Maria Lindenberg, St. Peter

6. November 1996, Fr. M. H., Maria Bickesheim

Dies sind Beispiele einiger Gebetserhörungen. Sie laden uns ein, vertrauensvoll den Fürbitter Engelbert Kleiser anzurufen.

In der Not und Schwierigkeit der gegenwärtigen Zeit möchte man das Wort aus der Schrift „St. Sebastian vom Wedding" nachsprechen:„Du armes Mönchlein kannst den Sieg des Antichristen nicht aufhalten. Die Menschen fallen von Gott ab wie die Blätter vom Baum, wenn es Herbst wird. Immer dichter rieseln sie, und bald wird der Baum ganz kahl sein." Aber dann drängt sich immer wieder die innere Stimme des Vertrauens auf: Nein, es ist doch nicht ganz so. Sie sind nur vielfach belogen und betrogen. Wir Christen aber, wir Katholiken, wir Priester haben die Aufgabe, durch Leben und Liebe das Licht des Glaubens in ihnen wieder leuchten zu lassen. Wir haben die Heilmittel, wir haben die Rettungsmittel auch für die heutige Zeit, auch für den heutigen Menschen. Sie den Menschen zu übermitteln, soll uns eine liebe Lebensaufgabe sein. So wirken wir sicher im Sinne des blinden Pfarrers von Maria Bickesheim. Er wird uns aus der anderen Welt zu Hilfe kommen.

PFARRER DR. RICHARD DOLD, 1949

Aus der Kirche in Rötenbach/Schwarzwald

Am Abend meines Lebens

Erinnerung und Vermächtnis von Josef Kary

Ich habe im Jahr 2003 mein 65. Priesterjubiläum gefeiert und im August des gleichen Jahres meinen 90. Geburtstag. Ich schaue zurück auf mein Leben und blicke auf den blinden Pfarrer Engelbert Kleiser. Manches taucht da aus der Erinnerung auf.

Es war im Oktober des Jahres 1929. Die LZ 127 „Graf Zeppelin" ging auf Weltfahrt, und das zum ersten Mal. Von Friedrichshafen aus über New York nach Los Angeles und Tokio und zurück nach Friedrichshafen. Als ich, ein Junge noch, dem blinden Pfarrer diese Nachrichten vorlas, sagte ich voll Begeisterung: „Das ist großartig!" Der Pfarrer winkte ab und sagte lächelnd: „Josef, wenn eine alte Frau den Rosenkranz betet, dann tut sie mehr, als wenn der Zeppelin die ganze Welt umfliegt." Ich war sehr überrascht.

Einmal fragte mich der blinde Pfarrer: „Hast du auch eine Lieblingsbeschäftigung?" Da kam ich in Verlegenheit, weil ich nicht wusste, was ich sagen sollte, denn ich hatte von Kindheit an etliche Hobbys. Ich begann dann, dem blinden Pfarrer aufzuzählen: „Ich male gern, ich zeichne gern, ich singe gern und sammle alte Volkslieder, ich will die Pflanzen und Blumen kennen lernen, ebenso die Vögel, ich sammle Briefmarken, ich treibe gerne Sport – Leichtathletik und Florettfechten ..." Da lächelte der blinde Pfarrer immer mehr. Dann hielt ich ein mit der Aufzählung. Und da sagte er zu mir ganz ernst: „Josef, habe immer eine Lieblingsbeschäftigung!" Im Laufe meiner Berufstätigkeit habe ich immer besser verstanden, was er damit gemeint hat!

Die Armut der Menschen damals war gewaltig. Die Freigebigkeit des Pfarrers war groß und still. Maria Kleiser, eine nahe Verwandte, tief gläubig, versah den Pfarrhof. Unter der Woche ging sie oft zu den Bauern aufs Feld, um ein wenig Geld zu verdienen. Der Pfarrer war oft den Tag hindurch ganz allein. Er hat oft untertags nichts gehabt als eine Tasse Kaffee und eine halbe trockene Semmel. Sie reichte ihm bis zum Abend. Es war ein einfaches Leben, das er führte, und doch ist er alt geworden – 89 Jahre alt.

Seine damals kleine Pension, alles was er hatte, wurde, wie sie einging, ausgegeben. Ich ging damals nach Rastatt aufs Gymnasium. In den Ferien war ich jeden Tag beim blinden Pfarrer und durfte „Sekretär" sein. Auch hatte ich die „Finanzen" zu verwalten. So bekam u.a. eine bettelarme Frau aus Göschweiler, der ersten Pfarrei von Pfr. Kleiser, jeden Monat fünf Mark, die ich überweisen durfte, nicht zu reden von den regelmäßigen Geldspenden, die an die Steyler Missionare, an die Herz-Jesu-Priester, an die Ordensschwestern in der Mission in Brasilien gingen.

Einmal habe ich ihn, als ich wieder helfen wollte, sehr bedrückt angetroffen. „Josef, gestern bekam ich durch den Briefträger wieder meine Monatspension, die ich heute verteilen wollte. Aber heute Nacht ist mir das ganze Geld gestohlen worden. Ich sag dir's grad, ich kann diesmal kein Geld wegschicken." (Das Geld steckte er immer hinter das Herz-Jesu-Bild. Zwei Ministranten hatten es des Nachts gestohlen. Sie haben nie erfahren, dass er es genau wusste.)

Ich darf offen sagen, ohne den blinden Pfarrer wäre ich nicht zum Priestertum gekommen, denn als ich ihn betreffend meiner Berufswahl um seinen Rat fragte und er mir sagte, ich solle an das Ende meines Lebens denken, da hat er mich an meiner empfindsamsten Stelle getroffen, denn schon als Kind litt ich immer wieder an der Vergänglichkeit alles Irdischen.

Wenn ich z. B. mit meiner Mutter im Sommer auf dem Feld arbeitete und sah, wie die Wolkenschatten über die Flur dahinwanderten, hat mich das immer wieder im Tiefsten berührt; so ist mir aus meiner Gymnasialzeit von der großen Lektüre „Dreizehnlinden" von Friedrich Weber ein Vers unvergesslich im Gedächtnis geblieben: „Auf der Heide ein Wolkenschatten, so fährt dahin das Menschenleben." Im Winter, wenn die Wildgänse nach Süden flogen, da ging es mir durch Mark und Bein. Erst recht dann, wenn ich in späteren Jahren während meiner Urlaubstage im Revier der Steinböcke, in der Stille der Bergeinsamkeit, meinen Gedanken nachhing und die Stille plötzlich von irgendeinem polternden Stein jäh unterbrochen wurde, da begriff ich mit Wehmut, dass nichts ewig ist auf dieser Welt, auch nicht die so genannten „ewigen Berge", hat ja jeder dieser angeblich ewigen Berge immer auch schon – in Gestalt seiner Geröllhalden – seinen Friedhof bei sich. Die Tatsache der Vergänglichkeit alles

Irdischen und dass auch wir Menschen nur Pilger und Fremdlinge sind auf dieser Erde, war der eigentliche Impuls für das Studium der Theologie. Der blinde Pfarrer, der ganz aus dem Gedanken an die Ewigkeit heraus lebte, hat mich in dieser Lebensauffassung bestärkt. Er, der große Naturfreund, der er war, spürte zwar die ganze Vergänglichkeit der Schöpfung, aber aus tiefer Überzeugung glaubte er auch an ihre Vollendung und betete aus tiefstem Glauben heraus in der Komplet, dem Abendgebet der Kirche: „Herr, Deine Schöpfung neigt sich dem Tode zu: Hole sie heim. Schenke im Ende auch die Vollendung."

Ich bin jetzt 65 Jahre Priester. Mein Leben ist im Großen und Ganzen gelaufen. Ich bin so dankbar! Wenn ich Förster geworden wäre und ständig die Frage vor mir wäre: Und dann und dann? Gott sei Dank – hundertprozentig habe ich die Erkenntnis: Ich habe mich richtig entschieden. Es war so richtig! Von Jahr zu Jahr hat die Freude am Priestertum bei mir zugenommen. Umso dankbarer bin ich dafür. Alle Schönheit der Natur ist vergänglich. Wir sind Gäste hier, Pilger. Es gibt keinen dauernden Aufenthalt.

Als der blinde Pfarrer zum Sterben kam, sagte er zu mir: „Josef, wenn ich im Himmel bin, ich werde an dich denken. Ich werde dich nicht vergessen." Auf das Gebet des blinden Pfarrers habe ich immer vertraut. Ich bin überzeugt, er hat mir sehr geholfen. Vor allem im Krieg. Ich hätte mehrfach tot sein müssen. Einiges will ich erzählen.

Da war ein Ereignis 1939. Aus dem Radio war soeben die Nachricht vom Kriegausbruch gemeldet worden. Ich ging in den Friseursalon. Ich wollte die Haare schneiden lassen. Da ging eine Tür auf und Frau K., die Gattin des Friseurs, kam heim (eine Frau, die täglich zur hl. Messe kam und zur Kommunion ging). „Ach, der Herr Vikar ist auch hier", stellte sie fest. „Gell, Herr Vikar, der Führer ist auch von Gott gesandt?" Aus mir brach es wie aus einem Vulkan heraus: „Der Führer ist ein Antichrist, ein Verbrecher und ein Mörder!" – und dies laut und vor allen Anwesenden. Atemlose Stille. Ich stand da und verließ auf der Stelle den Salon. Auf dem Heimweg kehrte ich bei einer befreundeten Familie ein und erzählte den Vorfall. „Um Gottes Willen, Herr Vikar, die Tochter der Frau K. ist mit einem hohen SS-Mann verheiratet. Sie ist ganz fanatisch!" In den nächsten Tagen ließ mich dann mehrmals der Bürgermeister kommen. Schließlich sagte er zu mir: „Herr Kaplan, ich hab eine frohe Nachricht für Sie. Sie werden versetzt. Sie werden Pfarrer. Russlanddeutsche kommen heim ins Reich. Sie werden in Ostpreußen angesiedelt. Sie brauchen einen deutschen Pfarrer. Ich habe Sie empfohlen. Sie bekommen die Stelle." „Nein, Herr Bürgermeister, auf keinen Fall. Da sterbe ich vor Heimweh." Er: „Unterschreiben Sie für fünf Jahre! Wir haben den gesamten Bezirk Wolfach durchforscht. Wir haben keinen gefunden wie Sie!" Ich antwortete: „Wir waren immer gut deutsch. Aber das geht nicht, da sterbe ich." Der Bürgermeister: „Das können wir nicht rückgängig machen!" Ich: „Ich geh nicht." Er: „Die Folgen werden Sie zu tragen haben!" Ich ging. Fürs Erste war ich frei. Und die Liquidation ,die mich wohl in Ostpreußen erwartet hätte, stand nicht mehr drohend vor mir.

Schließlich musste ich einrücken – zu den Gebirgsjägern. Es war kurz vor Weihnachten, im Kaukasus. Nach langen Wochen erhielten wir die erste Post. Ich war ganz weg. 28 100-g-Päckchen aus der Pfarrei, in der ich gewesen war, 30 Briefe. Ich habe es nicht erwarten können. Ich habe alles vor mich hingestellt auf einen Tisch. Dann kam mir der Gedanke: „Jetzt gehst du zuerst zu den Kameraden und bringst den armen Teufeln die Päckchen Zigaretten." Ich mache mich auf den Weg. Ich gehe über die Hängebrücke. Da kommt ein Flugzeug, eines von den unsrigen. Bei den nahen, hochragenden Bergen sind die Flugmanöver sehr schwierig. Die Maschine wirft einen zentnerschweren Verpflegungssack ab und zischt nach oben. Ich gehe zurück. Genau an der Stelle, wo ich gesessen hatte, war der Sack niedergegangen, war wie eine Bombe eingeschlagen. Der Tisch zerborsten. Die Post zerstreut. Ich wäre tot gewesen. Die Post war noch vorhanden. Ich konnte sie in Ruhe lesen.

Auch mein Bruder – ebenfalls Priester – war im Russlandeinsatz. Er stand mit seinem Truppenteil kurz vor Moskau. Eine enge Bekannte unserer Familie war mit Therese Neumann in Konnersreuth befreundet. Eines Tages besuchte sie diese und legte ihr ein Foto meines Bruders vor und eines von mir. Therese Neumann sagte und zeigte auf das Foto meines Bruders: „Dieser Priester wurde von den Bolschewiken ermordet, er hat nicht lange leiden müssen, er befindet sich in der Glorie Gottes. Über den anderen Sohn brauchen sie sich keine Sorge machen. Der kommt heim." Das war 1941. Tatsächlich stimmte die Nachricht. Mein Bruder war inzwischen gefallen. Und ich wusste nun um das Wort der Therese von Konnersreuth über mich: „Der kommt heim." Oftmals war ich in der weiteren Zeit dem Tode nahe. Ich habe alles hinter mich gebracht. Ich durfte heimkehren. Von meinem Truppenteil mit 200 Soldaten sahen nur sieben die Heimat wieder. Ich bin einer von ihnen. Es ist meine Überzeugung: Der blinde Pfarrer hat mir geholfen. Jeden Tag spreche ich zu ihm: „Pfr. Kleiser, bitte für die heute verstorbenen Priester und vergiss auch mich nicht!"

Pfarrer Kleiser hat viel gebetet. Er ist oft nachts schon um drei Uhr aufgestanden. Er hat für die Anliegen der Menschen gebetet. Er war ein Leben lang unser Helfer. Er hat die Hl. Messe hochgehalten. Drei Messformulare konnte er auswendig, das der Heiligsten Dreifaltigkeit, das der Mutter Gottes und das der Armen Seelen. Das Lieblingsthema des blinden Pfarrers war das Geheimnis des göttlichen Herzens. Das war für ihn das Höchste. „Das Herz des Gottmenschen im Weltenplan" – da sprach er voller Begeisterung, mit Feuer. Da hat er ein Büchlein darüber geschrieben. Mit Hilfe des Heiligen Geistes.

Jeden Samstag feierte er die Hl. Messe zur Muttergottes. Den Rosenkranz liebte er über alles. Die meisten Predigten waren Muttergottespredigten.

Der blinde Pfarrer hat mir sehr viel Persönliches gesagt: Einmal sprach er von einem Jungen, den er unterrichtete: „Josef, ich muss ihm jetzt Lehrstunden geben, aber der wird kein Priester."

Der Seelsorger Pfr. Kleiser war weit bekannt. Eines Tages brachte man aus dem Elsass zwei junge Burschen zu ihm, die als „besessen" galten. Sie hatten etwas sehr Schändliches getan, und beide waren seitdem von Dämonen besessen. Da kein Gebet und nichts half, brachte man die beiden nach M. Bickesheim zum blinden Pfarrer mit der Bitte, sie von den Dämonen zu befreien. Es war vergebens. Wiederholt brachte man die beiden zum blinden Pfarrer. Jedes Mal betete er den großen Exorzismus über sie. Es half nichts. Schließlich nahm der blinde Pfarrer seine Zuflucht zur Muttergottes und betete über die beiden Besessenen: „Im Namen der unbefleckt empfangenen Jungfrau und Gottesmutter Maria befehle ich euch: weichet, fahret aus!" In diesem Moment warfen sich die beiden auf den Boden, zitterten ganz verkrampft, erhoben sich aber plötzlich wieder und waren gelöst und voller Freude. Sie waren von den Dämonen befreit. So hat es mir der blinde Pfarrer erzählt.

Einmal war eine ganz eigenartige Atmosphäre. Der blinde Pfarrer sagte zu mir: „Josef, es ist etwas sehr Ernstes. Du musst es mir jetzt vorlesen – er nahm einen Zettel aus seiner Soutane, auf den er einige Sätze mit Rotstift gekritzelt hatte – versprichst mir, dass du es niemand sagst! Ich sagte ja, nahm mir aber innerlich vor: Meiner Mutter sag ich es. Dann rückte er ganz nahe an mich heran, hielt beide Ohren mit seinen Händen und sagte: „Ganz langsam, Wort für Wort, lauter lesen!" Ich begann, und sofort sagte er ganz aufgeregt: „Langsam, langsam!" Beim zweiten und dritten Satz wiederholte er: „Noch langsamer, noch langsamer!" Am Schluss sagte er: „Jetzt tue es noch einmal lesen!" Ich wollte mitschreiben, aber wie wenn er es gemerkt hätte, sagte er: „Josef, schneller, schneller!" Mit Mitschreiben war nichts zu machen. Ich tröstete mich. Ich hatte immer ein gutes Gedächtnis, ich würde mir wohl die sechs, sieben Sätze merken können.

Ganz erschüttert vom Inhalt sagte ich: „Herr Pfarrer, da bekommt man ja Angst. Was ist denn das? Wann kommt das?" Seine Antwort: „Josef, hab keine Angst, lebe du recht, denn es trifft die schlechten Menschen." Ich: „Wann kommt denn das?" Er: „Es kommt plötzlich, über Nacht, wenn niemand daran denkt, und du erlebst es, du wirst es noch erleben!" Ich: „Ja, Herr Pfarrer, was ist denn das, sagen Sie es mir doch. Ist es eine Prophezeiung?" Er: „Es ist eine Offenbarung." Ich: „Von wem ist diese Offenbarung?" Da hat er abgewehrt: „Das brauchst du doch nicht wissen." Ich bat ihn innig, er solle es mir doch sagen. Er: „Es ist eine Offenbarung des göttlichen Herzens." Obwohl ich mir es denken konnte, fragte ich : „An wen geht diese Offenbarung?" Da wehrte er ganz energisch ab: „Josef, das brauchst du doch nicht zu wissen." Da ich ihn weiter plagte, gab er zur Antwort: „An eine geistliche Person." Da wusste ich genau, wer diese geistliche Person war: er selbst.

Innerlich aufgewühlt sagte ich: „Herr Pfarrer, darf ich heute schon gehen?". Ich dachte mir: In 20 Minuten bin ich daheim. Ich habe Satz für Satz, Wort für Wort mir vorgesagt, immer wiederholt, auf dem Weg nach Hause. Ich bin zum Hof hineingerannt zur Mutter. Diese sieht mich kommen. „Lieber Gott, warum schnaufst du so, warum bist du so gerannt?" Ich: „Eine Prophezeiung vom göttlichen Herzen Jesu an den blinden Pfarrer." Doch wie ich berichten wollte, ging es nicht. In meinem Gedächtnis war alles wie ausgelöscht. Einfach weg! Bei aller Anstrengung konnte ich nichts mehr hervorholen. Ich weiß nur mehr einen Satz: „Ich werde die Welt rütteln in meinem Zorn." Nur diesen einen Satz weiß ich noch. Mein gutes Gedächtnis ließ mich im Stich. Ich habe mir nichts gemerkt.

Zeugnisse aus der Gegenwart

Schollach, 4. September 2003

„Im Dritten Reich ist nicht viel über Pfr. E. Kleiser gesprochen worden. Die Zeit war ungünstig. Die Männer waren im Krieg. Die älteren Frauen waren verstorben. Es war niemand mehr da. Da ist eine Lücke entstanden.

Pfarrer Eisele, der von 1938 bis 1948 Pfarrer in Schollach war, erinnerte schon immer wieder die Gläubigen: ‚Aus eurer Gemeinde ist doch ein hl. Pfarrer hervorgegangen. Betet zu ihm!'

Im Jahre 1956 – zum 25-jährigen Todestag von Pfr. E. Kleiser – kam als Festprediger ein Priester der Diözesanleitung in Freiburg. Es sind auch sonst immer wieder Leute nach Schollach gekommen und haben nach Pfr. Engelbert Kleiser gefragt. Besonders häufig auch aus dem benachbarten Glottertal, wo E. Kleiser Vikar gewesen ist."

Hermann August Kleiser, Schollach, ein Verwandter von Pfr. Kleiser.

Im Gespräch mit meiner Schwester kamen wir öfters auf Pfr. E. Kleiser zu sprechen. Übereinstimmend waren wir der Meinung: „Der hat ganz anders beten können als wir." Als ich einmal am Morgen – bevor ich in den Stall ging – den freudenreichen Rosenkranz betete, bat ich vor jedem Gesätz den „blinden Pfarrer" um Hilfe: „Hilf mir, dass ich den Rosenkranz gut beten kann!" Als ich trotzdem immer wieder abgelenkt war, mich nicht konzentrieren konnte, war ich enttäuscht. Da war mein erster Gedanke: „Am besten höre ich auf. Auch der blinde Pfarrer hilft mir nicht." Doch dann entschloss ich mich, das letzte Gesätz noch fertig zu beten. Da war es mir, „als wäre ich ganz drin". Ich kann es nicht in Worten ausdrücken. Es war einfach da, wie wenn ich es miterleben würde. Ich war versunken. Ich dachte dann: „Alle meine bisherigen Gebete sind nur Worte, Lippengebete." Es war ein Erlebnis, nicht zu beschreiben. Ich dachte, so müsste es im Himmel sein. Dieses Erlebnis hatte ich im Jahre 1998. Es hat sich nicht wiederholt. Aber ich lebe immer noch davon.

M. L., Schollach

Maria Bickesheim, 5. September 2003, Herz-Jesu-Freitag

Es trifft sich gut, am Herz-Jesu-Freitag an diesem Wallfahrtsort zu weilen. Es war wie ein Geschenk. Wir hatten es nicht geplant.

Nach dem Gottesdienst um neun Uhr konnten wir mehrere Gottesdienstbesucher, die nur an diesem Tag nach Maria Bickesheim kommen, befragen. Einige Stimmen:

„Früher gingen viele nach dem Gottesdienst ans Grab von Pfr. Kleiser. Jetzt werden es weniger. Aber die Erinnerung ist noch da."

„Als Kind kam ich zu Fuß mit der Mutter von Karlsruhe nach Maria Bickesheim. Pfarrer Kleiser zelebrierte immer am gleichen Altar. Wie er zum Altar schritt. Ein Heiliger."

„Wenn eingesät wurde auf dem Feld, hat er mit dem Kreuz gesegnet."

„Er stand immer am offenen Fenster und hat gebetet, dass wir von Unheil und Katastrophen bewahrt bleiben. Für die Gemeinde und die ganze Gegend. Ich denke, er hält auch heute seine Hand über uns."

„Einmal kam ich von Waldbrechtweiher, einem Ort einige Kilometer von Durmersheim entfernt. Dort war ein schrecklicher Hagel niedergegangen und hatte auf den Feldern schweren Schaden angerichtet. Als ich heimging, dachte ich, bei uns wird es genauso ausschauen. Es wird alles kaputt sein. Ich war total überrascht, als ich alles in Ordnung vorfand. Wir wurden immer von schweren Unwettern verschont."

Fr. M. H., Durmersheim

„Alles, was er bekommen hat, hat er verteilt. Es war eine sehr arme Zeit."

„Er hatte nur eine Hose – alles hat er weggeschenkt."

„Alles, was er an materiellen Gütern hatte, hat er gleich verschenkt. Er lebte ganz ärmlich."

„Das Herz Jesu hat er sehr verehrt. Am Herz-Jesu-Freitag war eine Frühmesse und eine Abendandacht. Die Kirche war immer sehr voll."

„Kleiser war eifrigst bemüht, Ordens- und Priesterberufe zu wecken und zu pflegen. Vielen hat er durch sein Beispiel und durch sein Wort die Richtung fürs Leben gegeben. Gerne ließ er auch die Beichtkinder in dieser Meinung beten."

„Ich wohne in der Nachbarschaft, über der Straße drüben. Immer wenn ich an

seinem Grab vorbeikomme, sage ich: ‚Gelobt sei Jesus Christus.'"

Gertrud T., Durmersheim

„Wenn man zum Grab geht und betet, dann wird er einem helfen. Er ist meine Zuflucht. Ich gehe oft an sein Grab."

Fr. M. B.

„Als Kind noch habe ich ihn persönlich gesehen. Ich war auch bei der Beerdigung des Pfarrers E. Kleiser. Mein Vater hatte eine kleine Schreinerei, nicht allzu weit weg von der Kirche. Oft wurde mein Vater zum blinden Pfarrer gerufen. Er kam dann immer ganz aufgeregt heim. Er muss etwas erlebt haben vom Kampf des blinden Pfarrers mit den Dämonen. Wie der Pfarrer von Ars hatte Pfr. Kleiser solche Kämpfe zu bestehen. Der Kampf gegen das Böse ist furchtbar. Weil er so viel betete, hat er auch besonders zu leiden gehabt, war besonders angefochten. Zu Boden geworfen wurde er. Der Vater musste ihn aufrichten. Ihn trösten. Er hat immer gemeint, dass er verloren sei. ‚Ich bin verdammt. Doch, ich bin verloren ...' Mein Vater sagte: „Nein, Sie sind ein heiliger Mann." Eine Dame aus Karlsruhe, die öfters zu meiner Mutter kam, war einige Zeit in Behandlung in der psychiatrischen Klinik in Wiesloch. Bald darauf erzählte sie meiner Mutter, was sie dort erlebt hatte. Ein Insasse dort hätte furchtbar getobt. Er hätte wie besessen geschrien: ‚Der Pfarrer von Bickesheim soll aufhören mit dem Segen, er soll aufhören. Den mach ich fertig, wenn ich herauskomme!' Sie sagte zu meiner Mutter: ‚Jetzt weiß ich, dass der Pfarrer Kleiser ein Heiliger ist!' Ich selbst war damals noch ein Kind. Ich habe mir das Gesagte genau gemerkt, weil es so aufregend für mich war."

„Wenn meine Mutter vom Feld heimkam, ging sie in die Kirche zu einer kurzen Anbetung. Einmal, es war kurz vor zwölf, sah sie Pfr. Kleiser. Er war ganz vorne. Er kniete vor dem Altar, beim Tabernakel. Seine ganze Gestalt war zum Allerheiligsten geneigt. Er hielt seine linke Hand wie eine Muschel ans Ohr. Meine Mutter kam heim und erzählte: ‚Da muss was gewesen sein. Wie wenn der Pfarrer mit dem Heiland ein Zwiegespräch geführt hätte.'"

„Ich habe ein Stoffstück. Meine Mutter hat es von der Pfarrköchin erhalten. Es stammt von Pfr. Kleisers Talar. Ich halte es in Ehren."

„Ich gehe oft an sein Grab. Er hat heiligmäßig gelebt. Ich habe ein großes Gebetsvertrauen."

Fr. M. H., Durmersheim

„Vom Hörensagen weiß ich, Pfr. E. Kleiser sei im Rufe der Heiligkeit gestorben."

Ein Zeitungsbericht

Goldenes Priesterjubiläum E. Kleiser

Bickesheim, 4. August 1919

Heute feiert Pfarrer Engelbert Kleiser sein goldenes Priesterjubiläum. In aller Stille begeht er sein Fest. Der Ernst der Zeit und sein Augenleiden bewogen ihn, auf eine für sein Jubiläum geplante äußere Feier zu verzichten. Um so mehr nehmen seine zahlreichen Freunde und Beichtkinder inneren Anteil am stillen Jubeltag und schenken ihm, was ihn am meisten erfreut, ihr dankbares Gebet.

Die Priesterweihe hatte Engelbert Kleiser am 4. August 1869 empfangen. Am 10. Februar 1898 übernahm er die Stelle des Wallfahrtspriesters von Maria Bickesheim. Seit jenem Tag ist er der treue Wächter des altehrwürdigen Heiligtums der Muttergottes. Um die Hebung und Förderung der Wallfahrt machte er sich die größten Verdienste.

Seine Bemühungen galten zunächst der Wiederherstellung der Bickesheimer Kirche. Diese war in sehr vernachlässigtem Zustande. Nachdem im Sommer 1899 ein Blitzstrahl einen Stein aus dem Chor-gewölbe schlug, fand sie der Bauinspektor am 24. Januar 1900 „in einem wirklich trostlosen Zustande." Es ergab sich die dringend notwendige Erneuerung. Diese begann im März 1908. Das Langhaus wurde verlängert, die Fassade mit einer Statue der Muttergottes geschmückt, in die Seitenwand neue Fenster mit spät-gotischem Maßwerk und prächtigen Wappen der Markgrafen von Baden eingesetzt. Das Seitenschiff bekam den schönen Kreuzweg. Die Decke wurde geschmückt mit fünf Gemälden aus dem Marienleben. Die barocken Altäre fanden eine stilgerechte neue Fassung. Im Katharinenchörlein, dem ältesten, um 1260 erbauten Teil der Kirche, wurden bei der Restauration alte Wandgemälde aus dem Anfang des 14. Jahrhunderts aufgedeckt. Auf die Wandflächen über dem Chorbogen kam das große historische Gemälde mit der Huldigung des markgräflichen Hauses Baden an die Himmelskönigin.

Seit der am 4. Juli 1909 vollendeten Erneuerung der Kirche, die nun ein wahres Schmuckstück ist, brachte der Jubilar die Wallfahrt zu immer größerer Blüte. Je mehr ihm das Augenlicht abnahm, um so heller leuchtete das Licht seines Glaubens. Mit heiligem Eifer verkündet er das Wort Gottes. Als Beichtvater wird er aufgesucht von nah und fern, ist er zu treffen jede Stunde des Tages. Viel hat er getan für die würdige Feier der Muttergottesfeste. Gott allein weiß, wie reich Gnade und Segen von seinem heiligmäßigen Leben und stillen Wirken ausgegangen sind. Beim Rückblick auf 50 Priesterjahre darf er sagen: „Ich habe geliebt, o Herr, die Zierde deines Hauses und den Ort, wo deine Herrlichkeit wohnt." (Ps. 26,8)

Engelbert Kleisers Stimme

Bildung ist gefordert besonders in unserer Zeit. Aber Bildung setzt ein Vorbild, ein Muster, ein Ideal voraus. Wie muß nun aber dieses Ideal beschaffen sein, um als Vorbild für alle zu gelten? Es muß der Beschaffenheit des Geistes entsprechen, also ein Vorbild sein sowohl für den Verstand als für den Willen, für den Geist und für das Herz zugleich.

Licht und Wärme ist die Vorbedingung für das Leben und Gedeihen in der organischen Welt, und zwar in Verbindung miteinander: das Licht allein tut es nicht, und auch die Wärme allein nicht. So ist es auch auf dem Gebiet des geistigen Lebens; was in der Natur das Licht ist, ist auf geistigem Gebiet die Wahrheit, und was die Wärme dort ist, ist hier die Liebe. Wenn also etwas ein Lebensideal sein soll für alle Menschen, dann müssen sich in diesem Ideal in vollkommener Weise vereinigen: Wahrheit und Liebe. Diese Verbindung aber finden wir in vollkommener Weise bei keinem sterblichen Menschen, nur allein in Jesus Christus. Daher ist er allein das Lebensideal für alle Menschen.

Wir betrachten nun dies in Beziehung auf das Verhalten gegen Gott, gegen den Mitmenschen und gegen sich selbst, also in Bezug auf die Gottes-, Nächsten- und Selbstliebe.

Der Gottesbegriff in der christlichen Religion erscheint in einer unübertreffbaren Reinheit, Geistigkeit und Vollkommenheit. „Niemand", sagt Jesus, „kennt den Vater als der Sohn und wem es der Sohn offenbaren will." Und der Apostel Johannes sagt in dieser Hinsicht: „Niemand hat Gott je gesehen, aber der Eingeborene, der im Schoße des Vaters ist, hat es uns berichtet" (Joh. 1.18).

Diese vollkommene Gotteserkenntnis besaß Christus als Mensch durch die Vernunft, die Erfahrung und die Anschauung Gottes selbst, als Gott aber vollkommen durch seine göttliche Natur.

Wie die menschliche Erkenntnis Gottes in Christus die vollkommenste war, so auch seine menschliche Liebe Gott gegenüber. Nie hat die Liebe eines Geschöpfes Gott gegenüber eine solche Belastungsprobe bestanden wie die Liebe Christi zu seinem Vater. Diese ließ sich auflegen die Sündenlast der ganzen Welt und die Sühne dieser Sünden im stellvertretenden Versöhnungsopfer für die Menschheit. „Er ist gehorsam geworden bis zum Tod, ja bis zum Tode am Kreuz" (Phil. 2.8).

Christus selbst sagt in seiner Hingabe an Gottes Willen als Ausdruck seiner Liebe zum Vater: „Es kommt der Fürst dieser Welt, aber er hat keinen Anteil an mir, aber damit die Welt erkenne, dass ich den Vater liebe und tue, wie es der Vater befohlen hat, so lasset uns gehen ... in den Tod" (Joh. 14.31).

So hat Christus Gott nach der Wahrheit erkannt und nach der Wahrheit geliebt, wie es nie bei einem sterblichen Menschen sonst der Fall war, und so ist er das Ideal für alle in der wahren Erkenntnis und Liebe zu Gott.

Auch die Mitmenschen hat Christus nach der Wahrheit erkannt und geliebt. Er erfaßte und liebte die Menschen in der Totalität, in dem wahren Zustand und in dem wahren Grund ihres Wesens.

Christus erfaßte und liebte die Menschen nach der Totalität seines Wesens. Zur Totalität des Menschenwesens gehört aber Leib und Seele. Es hat schon manche Menschenfreunde gegeben, die in all ihrem Streben und Wirken nur die leibliche und irdische Seite im Menschen sahen. Eine solche Bewertung und auch Liebe ist einseitig und irreführend. Wohl wollte auch Christus das leibliche Leben der Menschen besser gestalten, aber er wollte es vor allem tun durch religiöse und moralische Hebung der Seele. Wohl wollte Christus die Menschen beglücken schon im Diesseits, aber vor allem wollte er sie beseligen für die Ewigkeit. Daher lautet seine Aufforderung: „Suchet zuerst das Reich Gottes und seine Gerechtigkeit, alles übrige wird euch dazugegeben werden" (Mt. 6.33). Und: „Was nützt es dem Menschen, wenn er die ganze Welt gewinnt, aber Schaden leidet an seiner Seele; denn was will der Mensch geben als Lösepreis für seine Seele?" (Mt. 16,26)

So erscheint Christus nicht als der von manchen beliebte Reformator des wirtschaftlichen, sondern des religiösen und moralischen Lebens. Seine Religion ist nicht Diesseitsreligion im modernen Sinne, sondern umfaßt Zeit und Ewigkeit. Christus erfaßte und liebte den Menschen nach dem wahren Zustand seines Wesens.

Wenn ein Arzt einen Kranken als gesund ansieht und ihn dennoch behandelt und ihn mit Medikamenten vollstopft, dann kann das für den Betreffenden nur schädlich sein. Ähnlich ist es auf geistigem Gebiet. Wenn geistige Ärzte oder Reformatoren die Menschheit als normal ansahen und trotzdem behandelten, so muß auch diese Behandlung für die Menschheit verderblich werden.

Christus nun, der wahre Heiler, hat die Menschheit in ihrem wahren Zustand, nämlich im Zustand ihrer erbsündlichen Schädigung, erkannt und sie danach behandelt. Das Heilmittel mußte daher das Kreuz sein für alle und für die Einzelnen. Und die bittere Medizin vom Kreuz kann der Menschheit nicht erspart werden.

Endlich erfaßte und liebte Christus die Menschheit in dem wahren Grunde ihres Wesens. Es ist eine falsche Auffassung, wenn man den Menschen unabhängig von Gott betrachtet und behandelt. Von diesem Gesichtspunkt aus, wie er der Welt eigen ist, ist keine wahre Liebe zum Nächsten denkbar. Denn wenn die Nächstenliebe sich nur auf das Gute und wahrhaft Liebenswürdige stützt, das in den einzelnen Menschen sich findet, so wird sie bald zu Ende sein. Allgemeine, opferwillige Nächstenliebe und Feindesliebe wird von diesem Standpunkt aus keinen Platz finden können, wie Vernunft und Erfahrung lehren.

So hat Christus die Menschen nicht angesehen, sondern er erkannte und liebte sie in etwas Höherem, in ihrem wahren Grunde, in Gott. Christus liebte die Menschen als Geschöpfe Gottes, als Kinder Gottes, die ihm der Vater gegeben. Gottesliebe war in Christus der Grund seiner Nächstenliebe. So ist Christus in der Erfassung des Menschen nach der Totalität, dem wahren (gefallenen) Zustand und in dem wahren Grunde seines Wesens – nämlich in Gott – das Vorbild und das Ideal aller wahren Nächstenliebe.

Die Liebe Jesu selbst aber zu den Menschen aufgrund dieser Erkenntnis war die denkbar vollkommenste. Seine Liebe zu den Menschen ist rein menschlich, gefühlvoll und zart. Den reichen Jüngling, der Jesus fragte, was er tun solle, um zum Leben einzugehen, sah Jesus – wie es in der Schrift heißt – liebevoll an. Er weint über das undankbare, feindselige Jerusalem, er weint am Grab des Lazarus. Er ermuntert und tröstet seine Jünger in seiner Abschiedsrede und sorgt sterbend für seine Mutter.

Seine Liebe ist die opferwilligste, indem er das Höchste, sein Leben, hingibt für die Menschen. „Eine größere Liebe hat niemand als der, der sein Leben hingibt für seine Freunde." (Joh. 15,13)

Seine Liebe zu den Menschen ist die umfassendste. Alle Menschen von Adam an bis zum Ende der Welt, alle Menschen auf dem Erdenrund sind in dem weiten Herzen des Gottmenschen eingeschlossen. Alle hat er vor Augen, für alle vergießt er sein Blut und opfert sein Leben.

Seine Liebe ist daher auch wahre Feindesliebe. Den Verräter Judas nennt er Freund, dem Kriegsknecht Malchus heilt er das Ohr, für seine ihn am Kreuz verspottenden Feinde betet er zum himmlischen Vater und opfert auch sein Leben für seine Feinde.

So ist Jesus auch in dem Grad seiner Nächstenliebe das Vorbild und das Ideal für alle.

Jesus Christus erkannte und liebte sich allein in der Wahrheit. – Was ist nun in dieser Beziehung die „Wahrheit"? Die Wahrheit besteht darin, daß das Geschöpf vollständig erkennt, was Gott ist, was der Mensch und welches Verhältnis zwischen beiden ist.

Die Wahrheit besteht also darin, daß der Mensch – mit seiner Vernunft – seine vollständige Abhängigkeit von Gott erkennt, sich seiner bewußt ist und stets in diesem Bewußtsein handelt. Dieses war nun in vollständiger Weise allein bei Christus der Fall.

Er erkannte sich – seiner Menschheit nach – vollständig abhängig von Gott und liebte sich allein in dieser Abhängigkeit, er war frei von der geringsten ungeordneten Selbstliebe oder von aller Selbstsucht.

Das trifft nun bei keinem einzigen anderen Menschen in gleichem Maße zu. Die Menschheit ist nämlich in Adam gefallen und aus der völligen Abhängigkeit von Gott herausgefallen oder selbstherrlich herausgetreten. Er erkennt sich nicht mehr völlig in Gott und liebt sich auch nicht wahrhaftig in Gott, sondern in seinem, aus der Abhängigkeit von Gott herausgetretenen Selbst: das ist die dem gefallenen Menschen mehr oder weniger anhaftende Selbstsucht oder die ungeordnete Eigenliebe. Darum kann auch kein Mensch in Beziehung auf seine Selbsterkenntnis und seine Eigenliebe das vollkommene Ideal für andere sein. Nur Jesus Christus konnte von sich sprechen: „Lernet von mir, denn ich bin sanftmütig und demütig von Herzen." (Mt. 11,29) Demut ist nichts anderes als die Wahrheit, nämlich die Anerkennung der vollständigen Abhängigkeit des Menschen von Gott und das Handeln danach.

So ist Jesus Christus allein im Bezug auf das Verhalten des Menschen gegenüber Gott, dem Nächsten und sich selbst das vollkommene Lebensideal für alle, aber er ist das für die anderen unerreichbare Lebensideal. Aus diesem Grunde hat er auch den Menschen mehr oder weniger vollkommene Kopien des Originals dargeboten, und diese Kopien sind die

Heiligen der Kirche, von denen die „Königin der Heiligen" allein dem Original am nächsten kommt. Wer daher Christus, dem Ideal für alle, am nächsten kommt, ist der am meisten Gebildete, wer demselben am fernsten steht, ist der am wenigsten Gebildete, wer ihm am nächsten steht, ist der Vollkommenste, und wer am fernsten der Unvollkommenste, wer ihm am ähnlichsten der Glücklichste, wer ihm am unähnlichsten der Unglücklichste."

Auszug aus dem Werk von Pfr. Engelbert Kleiser, „Was haben wir an Christus?"

Der Herausgeber, Dr. Richard Dold, Stadtpfarrer von St. Bonifatius/Karlsruhe, schreibt im Geleitwort zu dieser Schrift: „Der Verfasser hinterließ sie als Manuskript. Er wollte sie unter dem Decknamen Desiderius Stammler herausgeben, gleichsam um anzudeuten, dass alles Reden über diesen hohen Gegenstand nichts anderes ist als ein Stammeln.

Engelbert Kleiser, „Was haben wir an Christus?" (Herausgeber Dr. Richard Dold)

47

Erinnerungstafel an der Kirche von Schollach

HOHENPRIESTERLICHES
HERZ JESU SEI UNS VERST.
PRIESTERN GNÄDIG UND
BILDE DIE LEBENDEN
NACH DEINEM HERZEN

Gebet am Priestergrab in Maria Bickesheim

Seite 50: Elternhaus von Engelbert Kleiser

Blick auf das Elternhaus von
Engelbert Kleiser (links), im
Hintergrund rechts:
die Kirche von Schollach

Pfarrer Josef Kary, Rötenbach
(4. September 2003)

*Wallfahrtskirche
Maria Bickesheim
mit Priestergrab*

*Seite 53:
Wallfahrtskirche
Maria Bickesheim*

*Von links
Hermann Kleiser,
Kaplan Albert
Müller, Bernhard
Kleiser, Sohn des
ehemaligen
Bürgermeisters von
Urach, Johannes
Kleiser.*

Pfarrhaus an der Wallfahrtskirche Maria Bickesheim

Seite 54: Hauptaltar der Wallfahrtskirche
mit Gnadenbild

HOHENPRIESTERLICHES
HERZ JESU ERLÖS UNS VERST.
PRIESTERN GNÄDIG UND
BILDE DIE LEBENDEN
NACH DEINEM HERZEN

HIER
RUHT IN CHRISTO
ENGELBERT KLEISER
RESIG. PFARRER VON
GÖSCHWEILER
UND BENEFIZIAT IN
BICKESHEIM
GEB. 24. 12. 1868
GEST. 14. 10. 1931
JESUS, MARIA

Oben: Kaplan A. Müller interviewt Kirchenbesucher

Links: Frau Maria Hochstuhl zeigt einen Stoffrest aus dem Talar des blinden Pfarrers

Seite 56: Blick auf das Priestergrab

Engelbert Kleisers Grabstätte in Maria Bickesheim

Talar des blinden Pfarrers

Vor dem Gnadenbild (Hardt-Museum, Durmersheim)

Kleiser-Vitrine (Hardt-Museum, Durmersheim)

Devotionalienladen am Wallfahrtsort (Hardt-Museum, Durmersheim)

Petrus Canisius (Hardt-Museum, Durmersheim)

Die Situation der Kirche in Deutschland

im 19. Jahrhundert

Es ist das Heraufkommen der Neuzeit. Die ungeheuren Fortschritte in der Naturerkenntnis und Naturbeherrschung brachten keinesfalls einen umfassenderen Glauben und eine größere Dankbarkeit Gott gegenüber hervor. Es wurde im Gegenteil ein breit angelegter Verweltlichungsprozess in Gang gesetzt.

Aus England kam die Aufklärung. In allen Bereichen sollten nur die Vernunft und die Natur Norm und Regel sein. Offenbarung und Übernatur wurden abgelehnt. Das kirchliche Einheitsbewusstsein war stark gesunken und die Idee des römischen Primates in den Augen vieler verdunkelt. Man suchte die Rechte des Papstes zugunsten der bischöflichen und staatlichen Gewalt zu beschränken (Episkopalismus/Staatskirchentum). Der weltlichen Gewalt wurde ein weit gehendes Aufsichtsrecht über die Kirche zugeschrieben. Von einer Erörterung der Unterscheidungslehren wollte man wenig mehr wissen und scheute in der Praxis nicht vor bedenklicher Konfessionsmengerei zurück. Wallfahrten, Prozessionen, Ablass- und Bruderschaftswesen, Herz-Jesu-Verehrung und Rosenkranz wurden verworfen, die Aufhebung des Priesterzölibats und die Auflösung der Klöster als „Asyle des Fanatismus" gefordert.

Eine gewaltige zerstörerische Auswirkung auf die Kirche hatte die Französische Revolution (1789–1850). Die Gottlosigkeit wurde mit der Erhebung der „Göttin der Vernunft" in der Kathedrale von Notre Dame in Paris gefeiert. Die radikale Gottlosigkeit wurde zwar bald aufgegeben, doch die atheistische Grundausrichtung blieb. Die Franzosen führten die „Errungenschaften der Revolution" in den eroberten Ländern, somit auch in Deutschland, ein.

Während der Säkularisation (1803) kam es zur vollständigen Ausraubung der deutschen Kirche, die einst die reichste der Christenheit gewesen war. Für den unglücklichen Ausgang des Krieges, den Österreich und Preußen gegen Frankreich führten (1792–1797), erhielt Napoleon die linksrheinischen Gebiete. Die deutschen Fürsten wurden dadurch entschädigt, dass sie den ganzen Besitz der Kirche in Deutschland an sich reißen durften. Und dies taten sie gründlich. Es kam zur größten Umwälzung, die die deutsche Kirche in ihrem äußeren Bestand auf einmal erlebt hat. Die Lage der Kirche nach diesem K.-o.-Schlag wurde immer trauriger und verwirrter. 1814 waren nur mehr fünf, 1817 nur mehr drei Bischofstühle besetzt.

Die kirchliche Neuordnung war schwierig und kam durch Verhandlungen der einzelnen deutschen Staaten mit der Römischen Kurie zustande. Die größten Schwierigkeiten gab es in Südwestdeutschland, denn hier lag der Hauptherd der Aufklärung und der nationalkirchlichen Bestrebungen in jener Zeit. Den größten Anteil an der inneren Erneuerung und Wiedergeburt der katholischen Kirche hatten glaubenstreue Pfarrer und Pfarrgemeinden. Oft waren einzelne, Gruppen von Geistlichen und gebildeten Laien entscheidend. Auch an den Universitäten Landshut und München sammelten sich aufstrebende katholische Kräfte. Ihr Führer war der herausragende Johann Michael Sailer, Professor der Theologie in Dillingen und Landshut, später Bischof in Regensburg:

„Da ich den Rationalismus überall verbreitet und überall Spuren der Verwüstung fand, wohin ich blickte, so ward ich vom heiligen Eifer der Religion ergriffen und fasste den Entschluß, die Grundirrtümer mit den entgegengesetzten Grundwahrheiten zu bekämpfen, bis mich Gott von diesem Schauplatz abfordern würde ...“

„Die eigentlichen Lehren der christlichen, katholischen Religion können nur dann in ihrer ganzen Wahrheit, Schönheit und Göttlichkeit ergriffen werden, wenn sie von allem Fremdartigen geschieden werden.“

„Gott in Christus, das Heil der Welt“, das war die Grundformel seines Glaubens.

„Jedes Glied der katholischen Kirche ist als solches verpflichtet, nach dem Maß seiner Erkenntnis, seiner Geisteskräfte, seines Wirkungskreises das Unkraut, das auf dem Acker der Kirche wächst, von dem Weizen zu sondern. Fünffaches Unkraut sei zu bekämpfen: Laster, Heuchelei, Aberglaube, Unglaube und Zeitgeist. Es ist der Kirche nicht damit gedient, dass das tilgbare Unkraut verheimlicht oder gar als Weizen herausgehoben werde. Voraussetzung der Umkehr seien: Wahrhaftigkeit und Freimut.“

Bei einer Primizpredigt schilderte Sailer den Priester als einen Kämpfer wider den Geist der Welt, der sein Leben lang zu streiten habe „wider den Leichtsinn des blinden Zeitalters, wider den Unglauben des falschsehenden Zeitalters, wider die Gottlosigkeit des tiefversunkenen Zeitalters.“

Wie klar Sailer die Irrtümer der Aufklärung bekämpfte – ohne ihre Errungen-schaften zu übersehen –, zeigt sein Buch „Erziehung für Erzieher“. Sein Verdienst ist, vor einseitiger Bildung nur des Intellekts gewarnt und auf die zentrale Bedeutung der religiösen Erziehung hingewiesen zu haben.

Sailer war ein ausgezeichneter Dozent. Er wünschte, dass seine Zuhörer *„die Wahrheit der Religion“* nicht nur mit dem Kopfe erfassten, sondern zugleich und besonders mit dem Herzen verstanden, innigst lieb gewannen und zur Richtschnur ihres Handelns machten. Seine Worte wollten nicht nur belehren, sondern zum Guten entflammen. Sailers Methode war positiv, das Böse durch das Gute überwindend. Seinem (zuerst schwierigen) Jünger Diepenbrock erklärte er: *„In jedem Menschen, wenn er nicht vollends verstockt ist, findet sich doch noch ein lichter Fleck, ein Punkt für die Empfänglichkeit für das Gute; bei diesem soll man ihn fassen und ihn zu heben suchen, dass der Lichtpunkt sich erweitere und die Finsternis allmählich verdränge. Gott, der Heilige, hat so unendlich viel Geduld mit den Sündern, sollten wir sie nicht auch haben?“*

Die katholische Tübinger Schule, begründet von Drey, Möhler und Hirscher, leistete die Hauptarbeit zur Überwindung der Aufklärung und zur Wiedergewinnung des echten katholischen Kirchenbegriffes, der in der Aufklärung fast ganz abhanden gekommen war. Sie stärkte mächtig das Selbstbewusstsein der Katholiken und gewann Einfluss auf die gesamte deutsche katholische Bewegung.

In diese Zeit wurde Engelbert Kleiser hineingeboren und als Priester berufen. Er stellte sich mit ganzer Kraft und ganzem Herzen hinein in seine Zeit, in diesen Kampf um „Gottes heiliges Reich“.

Die Vikarstelle Konstanz

Konstanz ist uns besonders bekannt durch das Kirchenkonzil, welches von 1414 bis 1418 in seinen Mauern stattfand.

Im 19. Jahrhundert machte Konstanz vor allem Schlagzeilen durch den Generalvikar des Bistums, Ignaz Heinrich von Wessenberg, der in dieser Zeit großen Einfluss ausübte (die Geschichte spricht sogar von Wessenbergianismus). Nachdem er an den völlig vom Geist der Aufklärung beherrschten Schulen von Dillingen, Würzburg und Wien studiert hatte, vertrat er in Konstanz seit dem Jahre 1802 Bischof Karl Theodor von Dalberg, der durch die Gunst Napoleons zugleich Bischof von Mainz und Bamberg war. Wessenberg ließ sich erst nachträglich im Jahre 1812 zum Priester weihen und verwaltete nach dem Tod Dalbergs (1817) das Bistum Konstanz als Oberhaupt, obwohl er von Rom nicht anerkannt war.

Als Rationalist und dem Zeitgeist dienend, hatte Wessenberg wenig Verständnis für das Übernatürliche und das Geheimnisvolle in der katholischen Kirche. Den Glauben der Kirche hielt er für einen Wahn, von dem das Volk durch Aufklärung und Toleranz zur „wahren Religion", d.h. zur „Vernunfts"-Religion, geführt werden müsse. Die Kulthandlungen der Kirche, die Marienverehrung, die vielen Kapellen, das Rosenkranzgebet, das Breviergebet bezeichnete er als „wegzuräumenden Schutt." Wallfahrten galten ihm als „Gift" für die Moralität. Einige kirchliche Einrichtungen wollte er umgestalten. So sollten aus Klöstern Bildungsanstalten werden. Bruderschaften wollte er in gemeinnützige Einrichtungen umwandeln, die Privatbeichte sollte zu einer liturgischen Buß- und Kommunionfeier umgeformt werden, Ablässe sollten für fleißigen Schulbesuch oder für die Hilfe bei Wiederbelebungsversuchen erteilt werden. Die Liturgie sollte in den äußeren Formen möglichst beschränkt und verdeutscht werden.

Wessenberg fand viele Anhänger in Deutschland und der Schweiz. Ein romfeindlicher Geist wurde in die unteren Bevölkerungsschichten getragen. Eine solche Tendenz wurde von den Kirchenfeinden gehätschelt. Diese setzten sich für den freimaurerischen Geist der Toleranz und des Staatskirchentums ein. Teile des Klerus und des Volkes, von den Liberalen als „ultramontan" bezeichnet (weil sie ihr Heil jenseits der Alpen – in Rom – suchen würden), schlossen sich dem Nuntius an und bemühten sich, die liberale Bewegung zurückzudrängen. (Der Liberalismus Wessenbergs trug 1814 wesentlich zur Abtrennung des Schweizer Teiles vom Bistum Konstanz und schließlich zu seiner Auflösung bei.)

Was Wessenberg und die Seinen gesät hatten, fand gerade auch in Konstanz viel Rückhalt. Es war der „Zeitgeist", der geprägt war von der Aufklärung, dem Rationalismus, von der Los-von-Rom-Bewegung (Staatskirchentum).Wenn die Kirchenbehörde damals Engelbert Kleiser als Vikar in diese Stadt sandte, dann, weil Geistliche, die fest waren in ihrem Glauben, in dieser Situation besonders nötig waren.

Der damalige Bürgermeister von Konstanz, M. Strohmeyer, war eine Leitfigur auf Seiten der Liberalen. In einem Schreiben der bischöflichen Behörde an Pfr. Burger von St. Stefan in Konstanz heißt es über den Bürgermeister Strohmeyer:

Er ist öffentlich den Ansprüchen seiner Kirchenbehörde entgegengetreten. Er hat insbesondere mitgewirkt, daß kath. Stiftungen und Schulen der kath. Verwaltung und Verwendung entzogen wurden. Er hat sich überhaupt den Rechten und Interessen der Katholiken gegenüber nicht so verhalten, wie es die Pflicht eines Katholiken gewesen wäre.

Da der Katholik Max Strohmeyer sich beharrlich weigert, die Kirche zu hören, und die kirchlichen Autoritäten nicht anerkennt, wie es seine Pflicht wäre, so schließen wir ihn aus der kirchlichen Gemeinschaft und dem Empfang der Sakramente solange aus, bis er bereit ist, seine kirchlichen Verpflichtungen zu erfüllen.

Brief des Erzbischöflichen Ordinariats vom 14. Januar 1869 an den Pfarrer von St. Stefan

Die badische Regierung stellte sich ihrerseits auf die Seite des Bürgermeisters und verlangte, dass der Exkommunizierte Mitglied des katholischen Stiftungsrates bleibe. Strohmeyer forderte auch im Bewusstsein seiner örtlichen Allmacht von dem neuen Vikar Kleiser, dass er den Unterricht im altkatholischen Sinn erteile, was dieser weit von sich wies. Auch solche, die nicht in allem seine Ansicht teilten, zollten Kleiser Respekt und Hochachtung. So sagte der Arzt Dr. von Boemble (Vater der durch die Gründung des katholischen Fürsorgevereins und zweier Guthirtenklöster im katholischen Deutschland bekannten Fr. Maria Matheis aus Karlsruhe), einen solchen Geistlichen wie Vikar Kleiser kenne er keinen Zweiten.

Die Wallfahrt in Maria Bickesheim

Im Zuge der Reformation lag die Wallfahrt danieder. Aus dem Jahre 1591 hören wir eine Klage, wonach der Amtsmann von Kuppenheim das Bickesheimer Pfründehaus als Hundehaus benützte. Der erneute Aufschwung kam für Bickesheim, als 1622 die Jesuiten in Ettlingen eine Niederlassung errichteten und ihnen 1633 die Wallfahrt in Bickesheim übertragen wurde.

Im Museum in Maria Bickesheim ist eine Statue des hl. Petrus Canisius zu sehen. Sie war vormals in der Wallfahrtskirche aufgestellt und erinnert an den Zweiten Apostel Deutschlands, wie man ihn auch nennt. Wenn man seinen Lebensbericht liest, kommt man aus dem Staunen nicht heraus. Es ist unglaublich, was Petrus Canisius – mit der Gnade Gottes – als Missionar in Deutschland bewirkt hat.

„Deutschland ist für die katholische Kirche verloren, wenn nicht der HERR selbst ein Wunder wirkt," das war das Urteil vieler, die die Zeichen der Zeit verstanden. Im Jahre 1549 waren mit dem Augsburger Religionsfrieden die Verwirrung und die Gefahr auf das Höchste gestiegen. Petrus Canisius kam in diesem Jahr nach Deutschland und wirkte als Seelsorger voll Eifer und Klugheit an verschiedenen Orten. Ab 1559 war Augsburg seine Wirkstätte. Die Stadt war protestantisch geworden. Zwar gehörte der Dom noch der katholischen Kirche, das Domkapitel hatte sich jedoch bereits nach Dillingen an der Donau abgesetzt; praktisch war die Stadt von der katholischen Seite aufgegeben. Als Petrus Canisius im Dom die hl. Messe feierte, nahmen sieben alte Weiblein an dem Gottesdienst teil.

Petrus Canisius bewohnte ein Zimmer über dem Kirchenschiff. (Es kann heute noch besichtigt werden.) Von dieser seiner Seelsorgestation aus erfüllte er seinen Auftrag als Missionar mit Gebet, Gottesdienst, Predigt, Unterricht, Hausbesuchen, Gesprächen.

Sein apostolischer Einsatz blieb nicht erfolglos. Als er 1566 Augsburg verließ, um an weiteren Krisenpunkten zu wirken, musste er dreimal einen Abschiedsgottesdienst feiern. Dreimal war der Dom bis auf den letzten Platz gefüllt.

Der Kirche war eine neue Basis geschenkt. Ein Einzelner hat es erreicht. Bevor er 1549 den Weg über die Alpen nahm und nach Deutschland kam, kniete Petrus Canisius im selben Jahr 28-jährig als junger Jesuit, Gefährte des hl. Ignatius, in der Peterskirche in tiefem Gebet versunken. Er hatte von seinem Ordensoberen Ignatius von Loyola den Auftrag erhalten, nach Deutschland zu gehen und für den katholischen Glauben zu kämpfen. Vor dem Sakramentsaltar wollte er nun seine Mission für Deutschland dem Herrn empfehlen. Was er dort zu Beginn seiner gewaltigen Lebensaufgabe erlebte, hat er sein Leben lang nicht vergessen. Im Alter schrieb er es nieder, als er einen Rückblick auf die Gnaden warf, die Gott ihm gegeben hatte: An jenem denkwürdigen Tag erschien ihm Jesus in sichtbarer Gestalt und zeigte dem jungen Apostel sein geöffnetes heiligstes Herz, daraus reichste Gnade spendend. Petrus Canisius schreibt in seinem Testament:

Da hast du mir, Herr, Dein Herz geöffnet, das ich nahe vor mir schaute.
Du hießest mich aus diesem Quell zu trinken.
Ich sollte Wasser des Heils aus Deiner Quelle schöpfen.
Da empfand ich das größte Verlangen, es möchten sich daraus Ströme von Glaube, Hoffnung und Liebe in mich ergießen.
Ich dürstete nach Armut, Keuschheit und Gehorsam.
Ich wagte es, an Dein hochheiligstes Herz heranzutreten und meinen Durst aus ihm zu stillen. Daraufhin versprachst Du mir ein Gewand, das meine nackte Seele bedecken sollte. Es bestand aus drei Stücken: Friede, Liebe und Beharrlichkeit.

Nachher vernahm er mehrmals die Worte: „Siehe, ich sende euch." So kam Petrus Canisius 1549 nach Deutschland. Mit einem Herzen voll Liebe. Auf sich und die Gnade gestellt, begann er seine Arbeit.

Der Elan des Petrus Canisius muss auch die Jesuiten beseelt haben, die Maria Bickesheim betreuten. Die Aufhebung des Jesuitenordens im Jahre 1773 führte allgemein zu einem gewaltigen Einbruch der Seelsorge, zu einem tiefen Einschnitt auch in der Bickesheimer Wallfahrt. Es gibt einen zeitgenössischen Bericht von dem Lammwirt Braxmeier. Er sagt: „Nach Aufhebung des Jesuitenordens ist die Wallfahrt fast gänzlich eingegangen. Vorher waren auf jeden Samstag oder Marienfeiertag fünf bis sechs Jesuiten in Bickesheim, bei welcher die Wallfahrer ihre Beichte und Kommunion verrichten konnten. Jetzt kommt nur ein Priester, die Leute können nicht mehr versorgt werden, ihre Beichte nicht mehr verrichten und bleiben zu Hause, da sie ihre Zeit nicht unnütz verschwenden wollen." Im Blick auf seine wirtschaftliche Situation stellt der Wirt fest: „Es ist mir mein bester Verdienst genommen."

Noch schlimmer erging es wohl den drei Devotionalienhändlern in Maria Bickesheim, denen die Wallfahrer und damit ihre Kunden ausblieben. Zum Jahre 1830 heißt es in der Ortschronik: „Die Kirche gleicht mehr einer Ruine als einem besuchten Bethaus."

Fast 70 Jahre später, am 10. Februar 1898, kommt Benefiziat Engelbert Kleiser als Wallfahrtspriester nach Maria Bickesheim. Und wiederum lesen wir in der Ortschronik: „Er muss ein ausgezeichneter Prediger gewesen sein und war auch als Beichtvater sehr beliebt, so dass während seiner Amtszeit die Wallfahrt ständig zunahm."

Sosehr sich Benefiziat Kleiser um die Wallfahrt bemühte, sowenig konnte diese von dem bejahrten, noch dazu stark sehbehinderten Geistlichen allein betreut werden. Wie bereits im 18. Jahrhundert erwog man, in Bickesheim ein Kloster zu gründen und die Wallfahrt einer Ordensgemeinschaft zu übertragen. Das Erzbischöfliche Ordinariat verhandelte in diesem Sinn mit dem Kapuzinerorden und erzielte ein grundsätzliches Einverständnis.

Die Zeitumstände aber brachten eine andere Lösung. Nachdem das Elsass durch den Versailler Vertrag 1919 französisch geworden war, wurden alle deutschen Bewohner, die nicht gebürtige Elsässer waren, von dort ausgewiesen. Dies betraf auch den Redemptoristenpater Robert Kiefer aus Pfaffenweiler/Breisgau, der seit 1894 in Bischenberg/Elsass tätig gewesen war. Sein Orden wollte ihn daraufhin in die Schweiz beordern, wo er aber keine Aufenthaltserlaubnis erhielt. Kurzfristig kam Kiefer in Bühl unter und wohl von dort in Kontakt mit Maria Bickesheim. Im Jahre 1920 erhielten die Redemptoristen die Erlaubnis, in Bickesheim eine Niederlassung zu gründen.

Im Sommer des gleichen Jahres nahmen sie Wohnung im Benefiziatenhaus.

Engelbert Kleiser überließ ihnen bereitwillig das obere Stockwerk. Er freute sich sehr über das Kommen der Ordensleute und und gab ihnen jede Hilfe. Im Juni 1926 konnten die Redemptoristen das neu gebaute Kloster beziehen. Von hier aus versorgen sie bis in die Gegenwart hinein die Wallfahrt.

In diesen Jahren steht die Renovation der Wallfahrtskirche an. Die Außenrenovation wurde 2003 abgeschlossen, und auch das Priestergrab mit Engelbert Kleiser strahlt im frischen Glanz.

Möge sich der Wunsch dieses hl. Pfarrers erfüllen und von diesem Wallfahrtsort Maria Bickesheim viel Segen ausgehen ins Badische Land und in die deutsche Kirche.

Quellenangaben · Fotonachweis

Texte

„Der blinde Pfarrer von M. Bickesheim", Tonkassette von Pfr. Josef Kary

„Die Neuzeit und die neue Zeit", Kirchengeschichte Bihlmeyer – Tüchle, III. Band, Verlag Ferd. Schöningh, Paderborn

„Engagement und Zeugnis", Gisbert Kranz, Verlag Friedrich Pustet, Regensburg

„Studien und Mitteilungen zur Geschichte des Benediktinerordens", Band 114/2003, Eos-Verlag, Erzabtei St. Ottilien

Heinrich Hansjakob, „Sommerfahrten. Tagebücher", aus: Reiseerinnerungen in 5 Bänden, Band 3. Nach der Ausgabe von Adolf Bonz u. Comp., Waldkircher Verlag, Stuttgart 1904

Engelbert Kleiser, „Was haben wir an Christus?", herausgegeben von Dr. R. Dold

„Zufall würde man es nennen", Josef Kary aus: „Priester in Uniform", Pattloch-Verlag 1994

„Maria Bickesheim und die badischen Markgrafen", Pfr. Josef Kary, 1965

Heimatbuch der Stadt Durmersheim, herausgegeben von M. Burkhart Hardt-Museum, Durmersheim

Fotos

Nr. 1: Josef Kary
Nr. 2: W. Tritsch
Alle übrigen Fotos: Josef Hochenauer

Biografische Angaben

zu Pfarrer Josef Kary (Pfarrhaus Rötenbach/Schwarzwald)

Josef Kary
geb. 6. 8. 1913 Durmersheim Krs. Rastatt
27. 3. 1938   Priesterweihe in Freiburg
1941 1945   Soldat in Russland
                        (I. Gebirgsjägerdivision)
seit 1957   Pfarrer in Rötenbach –
                        Friedenweiler
Geistlicher Rat
Bundesverdienstkreuz am Bande (1989)
Verdienstmedaille des Landes Baden-
Württemberg

Als Herausgeber danke ich sehr herzlich für alle freundliche Unterstützung, die mir bei dieser Veröffentlichung zuteil geworden ist.
  Insbesondere:
  Geistl. Rat Josef Kary, Rötenbach
  H. Bernhard Kleiser, Vöhrenbach
  Maria und Leonhard Laule, Schollach
  H. Willi Coerdt, Hardt-Museum,
  Durmersheim
  dem Konvent der Redemptoristen in Maria Bickesheim mit P. Rektor Erich Liebl, CSSR,

sowie
meiner bewährten Mitarbeiterin Dr. Irene Rischawy, Durach,
und
dem Verleger H. Josef Fink, Lindenberg, für die vortreffliche Zusammenarbeit.

(Die in dieser Schrift mit Abkürzung benannten Zeugen sind dem Herausgeber namentlich bekannt.)

Dieser Büchlein kann bestellt werden über jede Buchhandlung, beim Beuroner Kunstverlag, 88631 Beuron, ebenfalls bei H. Karl Tritschler, Mühlegasse 6, D-792711 St. Peter (Tel. 07660/1414) sowie beim Initiativkreis Kloster Helfta e.V. (Pfr. Josef Hochenauer), Kloster-Helfta-Weg 1, D-87471 Durach (Tel. 0831/67122, Fax 0831/5655944).

Literaturhinweise

„Kloster Helfta – Ein Abenteuer Gottes". Die Geschichte des Wiederaufbaus 1990-2000. Josef Hochenauer, Kunstverlag Josef Fink, Lindenberg   Euro 24.50

„Kloster Helfta". Raum schaffen für das Licht. Josef Hochenauer, Pilgerwege, HeinrichsVerlag, Bamberg   Euro 6.50

„Meine irdischen Freunde liebe ich wie Gefährten der Ewigkeit". Mechthild von Magdeburg (Bildband). Josef Hochenauer, Kunstverlag Josef Fink, Lindenberg
          Euro 14.50

„Gertrud von Helfta in Lateinamerika – Eine Spurensuche". Josef Hochenauer

(auch in englischer, portugiesischer und spanischer Übersetzung), Kunstverlag Josef Fink, Lindenberg   Euro 9.50

Die Grundwerke der drei großen Frauen von Helfta. Perlen deutscher Mystik. Gertrud die Große, „Gesandter der göttlichen Liebe". Mechthild von Magdeburg, „Ich tanze, wenn du mich führst". Mechthild von Hackeborn", Das Buch vom strömenden Lob". Herder-Verlag, Freiburg
          Euro 25.–

Gertrud von Helfta, „Exercitia spiritualia" – Geistliche Übungen. Übersetzung von Siegfried Ringler, Buchverlag Oliver Humberg   Euro 27.50

Herz-Jesu-Litanei

Herr, erbarme dich,
Christus, erbarme dich.
Herr, erbarme dich.

Christus, höre uns.
Christus, erhöre uns.

Gott Vater im Himmel,
erbarme dich unser.
Gott Sohn, Erlöser der Welt,
Gott Heiliger Geist,
Heiliger dreifaltiger Gott.

Du Herz des Sohnes Gottes,
erbarme dich unser.
Herz Jesu, im Schoss der Jungfrau
Maria vom Heiligen Geist gebildet,
Herz Jesu, mit dem Worte Gottes
wesenhaft vereinigt,
Herz Jesu, unendlich erhaben,
Herz Jesu, du heiliger Tempel Gottes,
Herz Jesu, du Zelt des Allerhöchsten,
Herz Jesu, du Haus Gottes und Pforte
des Himmels,
Herz Jesu, du Feuerherd der Liebe,
Herz Jesu, du Wohnstatt der Gerechtigkeit
und Liebe.

Du Herz voll Güte und Liebe,
Herz Jesu, du Abgrund aller Tugenden,
Herz Jesu, würdig allen Lobes,
Herz Jesu, du König und Mitte aller,
Herz Jesu, in dem alle Schätze der
Weisheit und Erkenntnis sind,
Herz Jesu, in dem die ganze Fülle der
Gottheit wohnt,
Herz Jesu, das dem Vater wohlgefällt,
Herz Jesu, aus dessen Gnade wir alle

empfangen,
Herz Jesu, du Sehnsucht der Schöpfung
von Anbeginn.
Du Herz, geduldig und voll Erbarmen,
Herz Jesu, reich für alle, die dich anrufen,
Herz Jesu, du Quell des Lebens und der Heilig-
keit,
Herz Jesu, du Sühne für unsere Sünden,
Herz Jesu, mit Schmach gesättigt,
Herz Jesu, wegen unsrer Missetaten
zerschlagen,
Herz Jesu, bis zum Tode gehorsam.

Du Herz, durchbohrt von der Lanze ,
Herz Jesu, du Quelle allen Trostes,
Herz Jesu, unsere Auferstehung
und unser Leben,
Herz Jesu, unser Friede und unsere Versöhnung,
Herz Jesu, du Opferlamm für die Sünder,
Herz Jesu, du Rettung aller, die auf dich hoffen,
Herz Jesu, du Hoffnung aller, die in dir sterben,
Herz Jesu, du Freude aller Heiligen,
Lamm Gottes, du nimmst hinweg die Sünde
der Welt,
Herr, verschone uns.
Lamm Gottes ... A Herr, erhöre uns.
Lamm Gottes... A Herr, erbarme dich.

Jesus, gütig und selbstlos von Herzen,
bilde unser Herz nach deinem Herzen.

Lasset uns beten. – Gütiger Gott, aus dem
geöffneten Herzen deines Sohnes kommt die
Fülle des Erbarmens. Hilf uns, dass wir seine
Liebe nicht ohne Antwort lassen. Darum bit-
ten wir durch ihn, Christus, unsern Herrn.

Amen.